KB202731

송쌤의
스크래치
코딩학교

송쌤의 스크래치 코딩학교

© 2019. 송상수 All Right Reserved.

1판 1쇄 발행 2019년 10월 31일
1판 4쇄 발행 2025년 1월 31일

지은이 송상수
펴낸이 장성두
펴낸곳 주식회사 제이펍

출판신고 2009년 11월 10일 제406-2009-000087호
주소 경기도 파주시 회동길 159 3층 / **전화** 070-8201-9010 / **팩스** 02-6280-0405
홈페이지 www.jpub.kr / **투고** submit@jpub.kr / **독자문의** help@jpub.kr / **교재문의** textbook@jpub.kr

소통기획부 김정준, 이상복, 안수정, 박재인, 송영화, 김은미, 배인혜, 권유라, 나준섭
소통지원부 민지환, 이승환, 김정미, 서세원 / **디자인부** 이민숙, 최병찬

진행 및 교정·교열 이 슬 / **내지 디자인** 블랙페퍼디자인 / **표지 디자인** 미디어픽스
용지 타라유통 / **인쇄** 한길프린테크 / **제본** 일진제책사

ISBN 979-11-88621-69-9 (63000)
책값은 뒤표지에 있습니다.

제이펍은 여러분의 아이디어와 원고를 기다리고 있습니다. 책으로 펴내고자 하는 아이디어나 원고가 있는 분께서는
책의 간단한 개요와 차례, 구성과 지은이/옮긴이 약력 등을 메일(submit@jpub.kr)로 보내주세요.

스크래치
3.0

송쌤의
스크래치
코딩학교

송상수 지음

제이펍

| 드리는 말씀 |

• 스크래치 프로그래밍 환경은 독자의 학습 시점에 따라 책의 내용과 다를 수 있습니다.

• 책에 실린 프로젝트(예제)는 https://scratch.mit.edu/users/jpub_book/에서 확인할 수 있습니다.

• 스프라이트나 블록 이름은 스크래치 사이트를 기준으로 편집하였으므로 한글 맞춤법과 다를 수 있습니다.

• 책의 내용과 관련된 문의사항은 지은이 혹은 출판사로 연락해 주시기 바랍니다.

  – 지은이: gi_sik_in@naver.com

  – 출판사: help@jpub.kr

차례

4부
완성도
높이기

머리말

코딩이 여는
새로운 세상!

우리는 소프트웨어와 함께 숨쉬며 살아가고 있습니다. 소프트웨어는 컴퓨터와 스마트폰에만 있는 것이 아닙니다. 여러분의 집 문을 여는 전자도어락에도, 집 안의 에어컨과 밥솥에도, 거리의 신호등에도 소프트웨어가 들어 있습니다.

이런 소프트웨어를 만드는 것을 프로그래밍 또는 코딩이라고 합니다. 여러분은 '코딩' 하면 어떤 이미지가 떠오르나요? 검은 화면에 알 수 없는 문자를 입력하는 것으로 생각하는 사람들이 많습니다. 무척 어렵겠다는 생각이 들 수도 있습니다.

하지만 지금부터 제가 소개할 '스크래치'를 사용한다면 누구나 쉽고 재미있게 코딩을 배울 수 있습니다. 블록들을 하나씩 연결하다 보면 어느새 나만의 소프트웨어를 만들 수 있게 될 것입니다. 코딩을 처음 배운다고 해서 겁먹을 필요 없습니다. 이 책에서는 처음 시작하는 여러분을 위해 기초 개념부터 차근차근 설명할 것입니다.

이제 여러분은 마음껏 상상하고, 상상한 것을 만들고, 만든 소프트웨어를 다른 사람과 공유하는 즐거운 경험을 하게 될 것입니다. 또한, 이런 경험을 통해서 여러분은 소프트웨어로 가득찬 새로운 세상을 보게 될 것입니다. 새로운 세상으로의 입문을 환영합니다.

송상수

이 책에 대하여

1부 – 프로그래밍의 세계로

1부에서는 프로그래밍과 스크래치를 소개합니다. 스크래치 가입 방법은 물론, 프로젝트를 만들기 위한 스크래치 화면을 요목조목 설명하고, 프로젝트를 어떻게 만드는지 설명합니다.

2부 – 기초 쌓기

아주 간단한 애니메이션부터 재미있는 게임까지 다양한 프로젝트를 만들어 봅니다. 누구나 쉽게 배울 수 있도록 단계별로 구성되어 있으므로 포기하지 말고 도전해 보세요.

3부 – 응용하기

2부에서 기초 프로젝트를 만들면서 배운 개념을 토대로 한층 업그레이드된 프로젝트를 만듭니다. 스크래치의 확장 기능을 활용하여 다양한 프로젝트를 만들어 보세요.

4부 – 완성도 높이기

주어진 프로젝트를 실행해 보고 코드를 이해한 뒤, 새로운 기능을 직접 추가해 봅니다.

각 프로젝트에서 다루는 내용

제목	프로그래밍 개념	스크래치 기능
1장 스크래치와 첫 만남	스크래치와 프로그래밍에 대해 설명한다.	
2장 나의 첫 프로그래밍	프로그래밍 순서에 따라 스크래치로 첫 프로젝트를 만든다.	
3장 애니메이션 만들기 1 (닭과 병아리)	순차 구조	말하기, 모양, 소리
4장 애니메이션 만들기 2 (달려가는 곰)	순차 구조, 반복 구조	움직이기, 이동하기, 튕기기, 회전 방식, 생각하기, 모양

제목	프로그래밍 개념	스크래치 기능
5장 전자 악기 만들기	순차 구조, 반복 구조, 이벤트	말하기, 모양, 기다리기, 음악
6장 퀴즈를 맞혀라	순차 구조, 선택 구조, 비교 연산	말하기, 모양, 보이기/숨기기, 소리, 묻고 기다리기
7장 고양이 피하기 게임	순차 구조, 반복 구조, 선택 구조	움직이기, 이동하기, 방향, 말하기, 모양, 크기, 보이기/숨기기, 멈추기, 감지, 타이머, 난수, 결합하기
8장 나만의 그림판	순차 구조, 반복 구조, 선택 구조, 신호, 이벤트	이동하기, 움직이기, 감지, 펜
9장 선물 찾기 게임	순차 구조, 반복 구조, 변수, 이벤트	이동하기, 말하기, 모양, 크기, 보이기/숨기기, 소리, 기다리기, 결합하기, 멈추기, 타이머
10장 승부차기 게임	순차 구조, 반복 구조, 선택 구조, 신호, 이벤트, 변수, 비교 연산, 논리 연산	움직이기, 이동하기, 방향, 튕기기, 말하기, 감지, 난수
11장 할 일 관리 프로그램	순차 구조, 반복 구조, 신호, 이벤트, 변수, 리스트	말하기, 묻고 기다리기
12장 사각형 패턴 만들기	순차 구조, 반복 구조, 이벤트, 함수	움직이기, 회전하기, 이동하기, 말하기, 묻고 기다리기, 펜
13장 픽셀 그림판 만들기	순차 구조, 반복 구조, 선택 구조, 논리 연산	이동하기, 좌표, 효과, 보이기/숨기기, 기다리기, 복제, 감지
14장 끝말잇기 게임	순차 구조, 반복 구조, 선택 구조, 비교 연산, 논리 연산, 변수, 리스트	말하기, 소리, 멈추기, 묻고 기다리기, 난수
15장 박수 소리로 음악 켜기	순차 구조, 반복 구조, 선택 구조, 비교 연산, 이벤트, 변수	소리
16장 손으로 과일 따기	순차 구조, 반복 구조, 비교 연산, 신호, 변수	움직이기, 이동하기, 보이기/숨기기, 소리, 기다리기, 멈추기, 복제, 타이머, 비디오
17장 번역 로봇	순차 구조, 신호, 이벤트	말하기, 묻고 기다리기, 번역, Text to Speech
18장 야구 게임	순차 구조, 반복 구조, 선택 구조, 비교 연산, 변수	이동하기, 말하기, 모양, 보이기/숨기기, 소리, 기다리기, 멈추기, 감지, 난수
19장 괴물 막기 게임	순차 구조, 반복 구조, 선택 구조, 비교 연산, 논리 연산, 변수	이동하기, 좌표, 모양, 크기, 순서, 보이기/ 숨기기, 소리, 기다리기, 멈추기, 복제, 난수
20장 음식 구하기 게임	순차 구조, 반복 구조, 선택 구조, 변수	움직이기, 이동하기, 방향, 좌표, 모양, 보이기/숨기기, 기다리기, 멈추기, 복제, 감지, 난수
21장 추첨 프로그램	순차 구조, 반복 구조, 리스트	말하기, 소리, 묻고 기다리기, 난수
22장 날아다니는 고양이	순차 구조, 반복 구조, 선택 구조, 비교 연산, 논리 연산	움직이기, 이동하기, 좌표, 말하기, 모양, 크기, 보이기/숨기기, 소리, 기다리기, 멈추기, 복제, 감지, 난수, 결합하기

이 책의 구성 요소

학습 목표

각 장에서 공부할 학습 목표를 살펴보고, 프로젝트를 만드는 데 필요한 프로그래밍 개념과 스크래치 기능 등을 한눈에 볼 수 있습니다.

난이도

각 프로젝트의 난이도를 표시하였습니다. 난이도는 별 하나부터 다섯 개까지 단계별로 높아집니다.

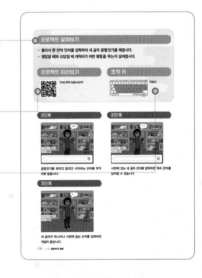

프로젝트 살펴보기

이 장에서 만들 프로젝트에 대한 정보를 안내합니다.

프로젝트 미리보기

QR 코드를 통해 프로젝트를 미리 실행해 볼 수 있습니다.

조작 키

이 프로젝트를 실행해 보는 데 필요한 조작 키를 알려줍니다.

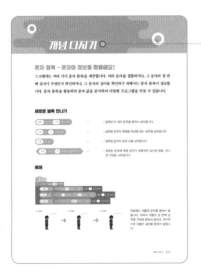

개념 다지기

프로젝트를 만들 때 알아야 하는 프로그래밍 개념을 설명하고, 이와 관련된 스크래치 블록을 소개합니다. 이해하기 쉽도록 예제가 함께 제공됩니다.

프로그래밍하기

코드를 하나하나 조립하면서 프로젝트를 만들어봅니다. 한 단계한 단계 아주 친절히 설명하므로혼자서도 공부할 수 있습니다.

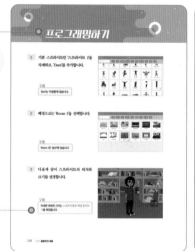

팁

프로그래밍 팁이나 참고사항 등을 알려줍니다.

스프라이트와 배경 준비하기

프로젝트에 나오는 스프라이트나 배경 정보를 한꺼번에보여줍니다. 이 표를 보면 설명을 읽지 않아도 프로젝트에필요한 스프라이트나 배경을 한 번에 설정할 수 있습니다.

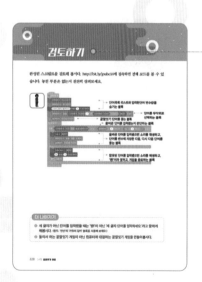

검토하기

완성된 코드를 검토하는 단계입니다. 보너스 문제인 '더 나아가기'도 제공됩니다.

1부

프로그래밍의 세계로

1장

스크래치와
첫 만남

스크래치란?

스크래치(Scratch)는 미국 MIT 미디어랩에서 만든 교육용 프로그래밍 언어로, 교육용 프로그래밍 언어 중에는 전 세계적으로 가장 많이 활용되고 있습니다. 2007년 서비스를 시작한 이후로 현재 150여 나라에서 4천만 명의 사람이 수천만 개의 프로젝트를 만들어 공유하고 있습니다.

스크래치는 누구나 무료로 사용할 수 있으며, 스크래치를 이용하면 게임, 애니메이션, 시뮬레이션, 응용 프로그램을 직접 만들 수 있고, 그 작품을 온라인 커뮤니티에서 다양한 사람과 공유할 수 있습니다.

스크래치로 프로젝트를 만들다 보면 창의적으로 생각하는 방법, 체계적으로 생각하는 방법, 협동해서 작업하는 방법을 배울 수 있습니다. 이러한 능력은 21세기를 살아가는 데 꼭 필요한 능력입니다.

스크래치 가입하기

스크래치 사용 환경

스크래치는 인터넷에 접속해서 사용하는 방법과 오프라인 프로그램을 다운로드하여 사용하는 방법이 있습니다. 인터넷에서는 별도의 프로그램을 설치하지 않고 이용할 수 있습니다. 인터넷 환경과 인터넷 브라우저만 있으면 언제든지 스크래치 사이트(https://scratch.mit.edu/)에 접속해서 프로그램을 만들 수 있습니다. 다만, Internet Explorer로는 접속할 수 없기 때문에 구글의 크롬(Chrome)을 설치해서 사용해야 합니다.

♀팁

크롬 설치 방법
https://www.google.com/chrome/에 접속한 후 Chrome 다운로드를 클릭하여 설치할 수 있습니다.

오프라인 프로그램은 스크래치 사이트 하단의 **다운로드** 메뉴에서 다운로드하여 설치할 수 있습니다. 오프라인 에디터는 windows 10 이상 혹은 MAC OS 10.13 이상의 운영체제가 설치되어 있으면 인터넷이 연결되어 있지 않아도 사용할 수 있습니다.

회원가입

스크래치는 가입을 하지 않아도 다른 사람의 프로젝트를 실행하고, 댓글과 토론을 읽고, 프로젝트를 만들 수 있습니다. 하지만 프로젝트를 저장하거나 공유하고, 댓글과 토론 글을 작성하려면 회원가입을 해야 합니다. 그러면 회원가입을 해볼까요?

1 크롬 브라우저를 열어 주소창에 https://scratch.mit.edu/를 입력하고, 오른쪽 위에 보이는 **스크래치 가입**을 누릅니다.

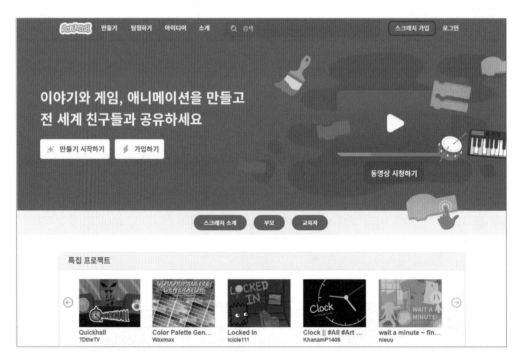

2 '스크래치 가입' 화면이 나타나면 사용자 이름(ID)과 비밀번호를 입력하고 '다음'을 누릅니다.

3 국가는 Korea, Republic of를 선택
하고 '다음'을 누릅니다.

💡**팁**
> 한국은 국가 목록 중 'K'로 시작하는 곳에서
> 선택할 수 있습니다.

4 태어난 해와 월을 선택하고 '다음'
을 누릅니다.

5 성별을 선택하고 '다음'을 누릅
니다.

6 자신의 메일이나 부모님의 메일 주소를 적고 '계정 만들기'를 누릅니다.

💡 **팁**
메일 계정은 비밀번호를 잃어버렸을 때 비밀번호 초기화에 이용되니 정확하게 입력합니다.

7 회원가입이 되었습니다. **시작하기** 를 누릅니다.

8 아직 한 가지 과정이 남았습니다. 프로젝트를 공유하고 댓글을 남기기 위해서는 메일 인증을 받아야 합니다. 크롬 브라우저에서 새 창을 열어 **6**에서 입력한 메일 계정에 로그인하면, 다음과 같은 메일을 확인할 수 있습니다. **계정 인증**을 누릅니다. 자, 이제 회원가입이 모두 끝났습니다!

9 로그인을 하려면 스크래치 사이트 오른쪽 위에 있는 **로그인**을 누르고, 사용자 이름
과 비밀번호를 입력한 뒤 하얀색 **로그인** 버튼을 누릅니다.

스크래치 메뉴 구성

회원가입을 했다면 이제 스크래치 사이트의 초기 화면과 메뉴를 하나씩 알아볼까요?

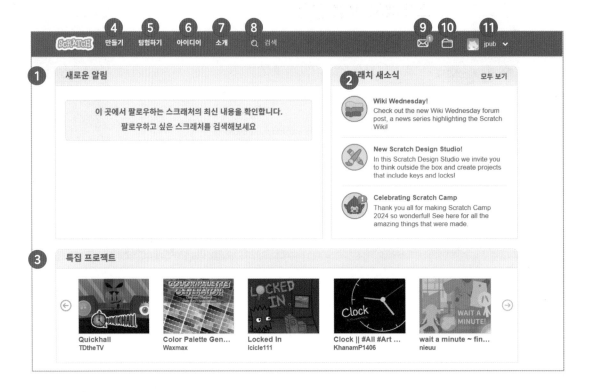

❶ **새로운 알림**: 팔로우하는 스크래치 유저들의 소식을 확인할 수 있습니다.

❷ **스크래치 새소식**: 업데이트 소식 같은 공지사항을 확인할 수 있습니다.

❸ **특집 프로젝트**: 운영진이 선택한 특별한 스크래치 프로젝트를 확인할 수 있습니다.

❹ **만들기**: 스크래치 프로젝트를 직접 만들 수 있습니다.

❺ **탐험하기**: 전 세계의 사용자가 공유한 프로젝트를 분야별로 살펴볼 수 있습니다.

❻ **아이디어**: 튜토리얼이나 초보자용 프로젝트 등을 통해 스크래치 사용법을 배울 수 있습니다.

❼ **소개**: 스크래치의 개발 배경과 특징을 살펴볼 수 있습니다.

❽ **검색**: 원하는 프로젝트를 키워드로 검색할 수 있습니다.

❾ **알림**: 토론과 프로젝트에 달린 댓글처럼 커뮤니티 활동과 관련된 알림을 확인할 수 있습니다.

❿ **내 작업실**: 내가 만든 프로젝트를 확인할 수 있습니다.

⓫ **사용자 정보**: 내 사용자 정보를 관리할 수 있습니다.

스크래치 화면 구성

스크래치 사이트에서 **만들기** 클릭하면 아래와 같이 '만들기' 화면이 나옵니다. 여기서는 만들기 화면을 요목조목 들여다보겠습니다.

상단 메뉴

상단 메뉴는 작품 제목과 저장 버튼, 도움말, 나의 계정 등 환경과 관련된 요소로 이루어져 있습니다.

❶ **스크래치 로고**: 스크래치 메인 페이지로 이동합니다.

❷ **설정**: 한국어, 영어 등 50개 이상의 언어로 언어를 변경할 수 있습니다.

❸ **파일**: 프로젝트를 새로 만들거나 저장할 수 있습니다.

❹ **편집**: 작업을 되돌리거나 터보 모드를 켜고 끌 수 있습니다.

❺ **제목**: 클릭하여 프로젝트 제목을 정할 수 있습니다.

❻ **공유**: 클릭하여 프로젝트를 공유할 수 있습니다.

❼ **프로젝트 페이지 보기**: 프로젝트 제목, 사용 방법, 참고사항 및 참여자를 입력할 수 있습니다.

❽ **튜토리얼**: 다양한 스크래치 예제를 학습할 수 있습니다.

❾ **바로 저장하기**: 프로젝트를 바로 저장할 수 있습니다.

❿ **내 작업실**: 자신이 작업한 프로젝트를 확인할 수 있습니다.

⓫ **계정**: 자신의 계정 정보를 수정하거나, 작업실로 가거나, 로그아웃할 수 있습니다.

블록 팔레트

블록 팔레트는 코드, 모양, 소리 탭으로 이루어져 있습니다. 코드 탭에는 9개의 카테고리와 그에 따른 블록들이 들어 있습니다.

❶ **코드 탭**: 스프라이트에 명령을 내릴 수 있는 다양한 명령 블록이 있는 곳입니다. 동작, 형태 등 9개 카테고리에 120여 개의 블록들이 모여 있습니다.

❷ **모양 탭**: 스프라이트의 모양을 관리하는 탭입니다. 모양을 추가하거나 그리는 등의 작업을 할 수 있습니다.

❸ **소리 탭**: 스프라이트의 소리를 관리하는 탭입니다. 새롭게 소리를 추가할 수도 있고, 이미 추가된 소리에 다양한 효과를 줄 수 있습니다.

❹ **카테고리**: 같은 성격을 가진 블록을 묶어 놓은 공간입니다.

❺ **확장 기능**: 악기, 펜, 번역, 비디오 감지 등 다양한 확장 기능 카테고리와 블록을 추가할 수 있습니다.

❻ **블록**: 가장 작은 단위의 명령어입니다. 블록을 사용하여 스프라이트에 명령을 내려 프로그램을 만들 수 있습니다.

💡**팁**

'스프라이트'는 15쪽에서 설명합니다.

스크립트 영역

스크립트 영역은 블록 팔레트에 있는 블록들을 마우스로 가져와 조립하는 공간입니다. 스프라이트마다 별도의 스크립트 영역이 있으며, 블록을 연결한 후 블록을 더블클릭하거나 '시작하기'(▶)를 누르면 위에 있는 블록부터 순서대로 명령이 실행됩니다.

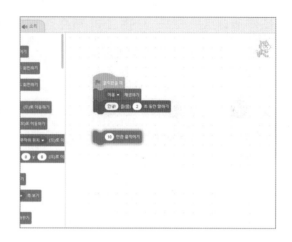

무대

무대는 스크립트 영역에서 만든 프로그램이 실행되는 공간입니다. 무대는 위치를 나타내는 좌표를 가지고 있습니다. 무대 한가운데의 좌푯값 x=0, y=0을 중심으로 x축은 -240~240까지 y축은 -180~180까지 나타낼 수 있습니다. 스프라이트 영역에서 각 스프라이트의 좌표를 확인할 수 있습니다.

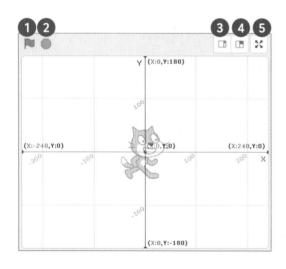

❶ **시작하기**: 프로그램을 실행할 수 있습니다.

❷ **멈추기**: 프로그램을 멈출 수 있습니다.

❸ **스크립트 영역 확대**: 무대의 크기를 줄이고 스크립트 영역을 확대합니다.

❹ **스크립트 영역 축소**: 스크립트 영역의 크기를 줄이고 무대의 크기를 확대합니다.

❺ **전체화면**: 무대를 전체화면으로 보여줍니다. '원래 크기로' 버튼(⌖)을 누르면 기존의 무대 크기로 돌아갑니다.

스프라이트 영역

블록 명령어를 통해 움직이거나 말을 할 수 있는 캐릭터, 물건 등을 **스프라이트**라 합니다. 각 스프라이트는 이름, 위치, 크기, 방향, 회전 방식, 보이기/숨기기 같은 속성을 가지고 있습니다. 이러한 속성은 스프라이트 영역에서 확인하고 변경할 수 있습니다. 프로젝트에 사용된 모든 스프라이트는 스프라이트 목록에 나열되어 있습니다.

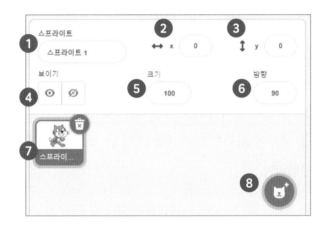

❶ **이름**: 스프라이트의 이름을 나타냅니다. 클릭하여 수정할 수 있습니다.

❷ **x 좌표**: 스프라이트의 가로 위치인 x 좌표를 나타냅니다. 무대의 x 좌표 범위는 -240~240입니다.

❸ **y 좌표**: 스프라이트의 세로 위치인 y 좌표를 나타냅니다. 무대의 y 좌표 범위는 -180~180입니다.

❹ **보이기**: 스프라이트를 무대에서 숨기거나 보이게 할 수 있습니다.

❺ **크기**: 스프라이트의 크기를 나타냅니다. 기본 크기는 100%입니다.

❻ **방향**: 스프라이트의 기울어진 정도를 의미합니다. 기본값은 90도입니다. 시계의 12시 방향을 0도로 하여 시계 방향으로 돌릴수록 각도가 증가합니다. 스크래치에서는 각도가 180도를 넘어가면 -179도(즉, 181도)부터 0도(즉, 360도)로 표시됩니다.

❼ **스프라이트 목록**: 프로젝트에 사용된 스프라이트 목록을 나타냅니다. 목록에서 원하는 스프라이트를 클릭하여 선택할 수 있습니다.

❽ **스프라이트 추가하기**: 라이브러리에서 선택하거나, 직접 그리거나, 파일을 업로드하여 스프라이트를 추가할 수 있습니다.

스크래치 동작 원리

스크래치로 프로그래밍을 하는 과정은 연극을 만드는 과정과 같습니다. 여러분이 연극을 만드는 사람이라고 생각해 보세요. 연극에는 배우, 소품, 배경이 등장합니다. 그리고 등장하는 모든 것은 대본에 따라 말과 행동을 하게 됩니다. 연극을 만들기 위해서는 가장 먼저 어떤 배우, 소품, 배경이 필요한지 생각한 다음 그들이 순서대로 어떤 말과 행동을 할지 대본을 만들어야 합니다. 대본이 만들어진 후에는 연습을 하고 감독이 "큐!" 사인을 주면 대본에 따라 연극이 진행됩니다.

스크래치로 프로그램을 만들 때도 마찬가지입니다. 연극에 등장하는 배우, 소품 등을 스크래치에서는 '스프라이트'라 합니다. 연극의 배경은 스크래치에서도 '배경'이라 합니다. 그리고 연극의 대본처럼 스프라이트가 어떤 행동을 할지 정해 주는 것을 '스크립트'라 합니다. 연극에서 감독이 큐 사인을 주면 연극이 시작되는 것처럼 스크래치에서는 시작하기 버튼(▶)을 누르면 프로그램이 시작되고 스프라이트는 스크립트에 따라 행동하게 됩니다. 이렇게 완성된 연극을 스크래치에서는 '프로젝트'라 합니다. 앞으로는 소프트웨어와 프로그램, 프로젝트를 모두 같은 말로 사용하겠습니다.

| 용어 정리하기 |

- **스프라이트**: 연극의 등장인물과 소품처럼 실행화면에서 명령어를 통해 움직일 수 있는 것들
- **배경**: 연극의 무대처럼 스프라이트 뒤에 있는 배경화면
- **블록**: 연극에서 하나의 대사처럼 스프라이트를 움직이거나 변화시킬 수 있는 각각의 명령어
- **스크립트**: 연극의 대본처럼 블록들을 조립하여 만든 명령어 모음
- **프로젝트**: 완성된 연극처럼 완성된 프로그램

프로그램을 만드는 과정

프로그램은 어떻게 만드는 것일까요? 프로그램 제작 과정을 자세히 살펴봅시다.

① 생각하기

가장 먼저 어떤 프로그램을 만들지 생각해 봅시다. 생활 속에서 불편하고 귀찮은 일이 생겼을 때, 재미있는 생각과 이야기가 떠오를 때 그냥 지나치지 말고 '이것을 프로그램으로 만들면 어떨까?'라고 생각해 봅시다. 지금 당장 어떤 프로그램을 만들지 떠오르지 않는다면 자신이 평소에 사용했던 프로그램이나 게임을 생각해 봅시다.

② 생각 다듬기

다음으로, 만들고 싶은 프로그램의 디자인, 기능 등을 구체적으로 정리해 봅시다. 애니메이션을 만든다면 등장인물, 대사, 행동을 어떻게 할 것인지 정리하고, 게임을 만든다면 캐릭터, 게임 규칙, 게임의 목표 등을 정리합니다.

③ 알고리즘 만들기

이번에는 알고리즘을 만듭니다. 알고리즘이란, 프로그램을 만들기 위한 설계도와 같습니다. 생각한 규칙과 목표를 어떻게 프로그램으로 만들지 구체적인 방법을 순서대로 표현한

것을 알고리즘이라 합니다. 머릿속에만 있었던 생각을 알고리즘을 통해 구체적으로 표현하다 보면, 미처 생각하지 못했던 부분이나 자신이 잘못 생각한 것들을 발견하면서 더욱 정확한 프로그램을 만들 수 있습니다. 보통, 글이나 순서도 같은 그림으로 알고리즘을 표현합니다.

④ 프로그래밍하기

프로그래밍이란, 프로그래밍 언어의 명령어를 사용하여 프로그램을 만드는 것을 말합니다. 바로 이 프로그램을 소프트웨어라 부르기도 합니다. 이 과정에서는 먼저 컴퓨터가 알아들을 수 있는 명령인 프로그래밍 언어를 선택해야 합니다. 그다음에는 만든 알고리즘에 따라 프로그래밍을 합니다. 우리는 앞으로 스크래치라는 프로그래밍 언어를 사용하여 프로그램을 만들 것입니다.

⑤ 검토하기

마지막으로, 만들어진 프로그램을 실행하여 오류가 없는지 확인합니다. 오류가 있다면 오류를 수정해야겠죠? 그리고 오류가 아니더라도 좀 더 개선할 점은 없는지 확인하여 만든 프로그램을 더 확장해 봅니다. 또한, 자신이 만든 프로그램을 공유하여 다른 사람에게 의견을 받는 것도 프로그램을 개선하는 좋은 방법입니다.

2장

나의 첫 프로그래밍

이제 스크래치로 나의 첫 프로그램을 만들어볼까요? 앞에서 배운 프로그램을 만드는 과정에 따라 만들어봅시다.

생각하기

우리는 자신의 꿈을 소개하는 프로그램을 만들 것입니다. https://bit.ly/jpub1s에 접속한 다음 '시작하기' 버튼(🏳)을 눌러 프로그램을 실행해 보세요.

생각 다듬기

작품을 만드는 데 필요한 스프라이트와 각 스프라이트가 하는 일을 정리해 보세요.

스프라이트와 배경 준비하기

스프라이트와 배경			
이름	Dani	Spaceship	School
카테고리	사람들	우주	실외

스프라이트가 하는 일

 자기소개하기

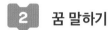 꿈 말하기

3 꿈을 위한 다짐하기

4 무대에서 사라지기

알고리즘 만들기

앞에서 정리한 내용을 보면서 알고리즘을 만들어봅시다. 스프라이트가 하는 일을 조금 더 자세하게 나눠보고, 그 행동을 하기 위해 어떤 블록이 필요할지 '블록 모음'에서 알맞은 블록을 골라 순서에 맞게 물음표를 채워 보세요.

블록 모음

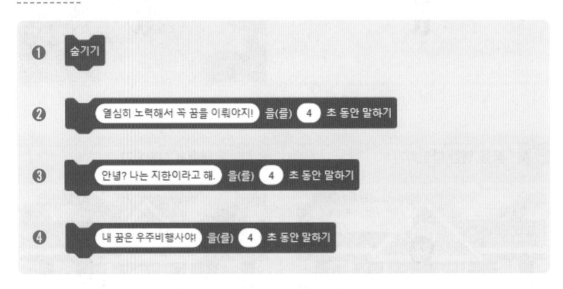

스프라이트가 하는 일

1   자기소개하기

2 꿈 말하기

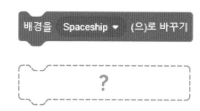

●┈┈┈┈┈● 배경을 우주비행선으로 바꾼다.

●┈┈┈┈┈● 자신의 꿈은 우주비행사라고
말한다.

3 꿈을 위한 다짐하기

●┈┈┈┈┈● 배경을 학교로 바꾼다.

●┈┈┈┈┈● 자신의 다짐을 말한다.

4 무대에서 사라지기

●┈┈┈┈┈● 무대에서 사라진다.

💡팁

완성된 스크립트는 35쪽에 있습니다.

프로그래밍하기

앞에서 만든 알고리즘을 보고 프로그램을 만들어보세요.

1단계 | 스크래치 실행하기

1 스크래치 사이트(https://scratch.mit.edu/)에 접속하여 로그인합니다.

2 메뉴에서 **만들기**를 클릭합니다.

3 만들기 화면에 접속하였습니다. 앞으로는 이 과정을 따로 설명하지 않으니 스크래치 실행 방법을 꼭 기억해 주세요!

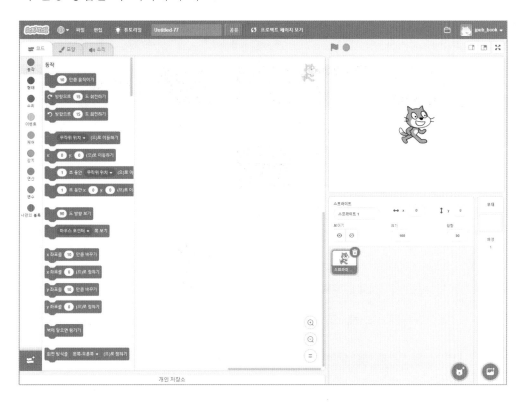

2단계 | 필요한 스프라이트와 배경 추가하기

4 배경을 추가하기 위해 '배경 영역' 아래에 있는 '배경 고르기' 아이콘( )을 클릭합니다.

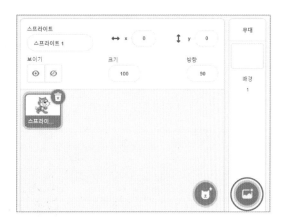

5 배경 고르기 화면이 나오면 **우주**에서 'Spaceship'을 선택합니다.

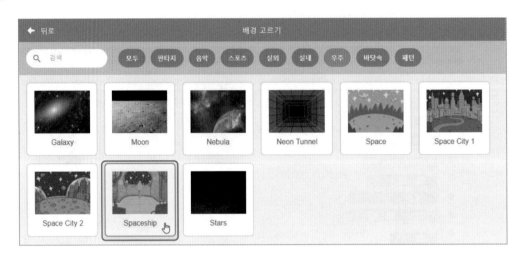

6 '배경 영역'의 '무대'를 클릭하면 추가된 'Spaceship'을 확인할 수 있습니다. 배경을 하나 더 추가하기 위해 다시 한번 '배경 고르기' 아이콘(🖼)을 클릭합니다.

7 **실외**에서 'School'을 선택합니다.

8 이번에는 스프라이트를 추가해 봅시다. 기본으로 추가된 '스프라이트 1'은 삭제(🗑)를 눌러 삭제하고, '스프라이트 고르기' 아이콘(🐱)을 누릅니다.

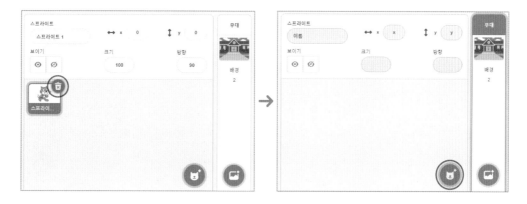

9 　**사람들**에서 Dani를 선택합니다.

10 　스프라이트 영역에서 다음과 같이
　x, y 값을 '0'으로 변경하고, 크기는
　'70'으로 변경합니다.

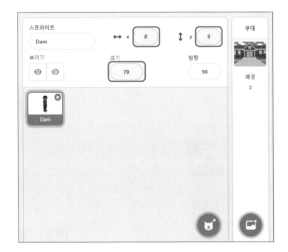

3단계 | 자기소개하기

1 무대에 등장한다.
2 배경을 흰색으로 바꾼다.
3 자신의 이름을 말한다.

11 스프라이트가 자기소개를 하도록 해볼까요? 우선, 스프라이트 목록에서 'Dani'를 클릭한 후 이벤트를 클릭한 다음 ▶ 클릭했을 때 블록을 끌어다 놓습니다.

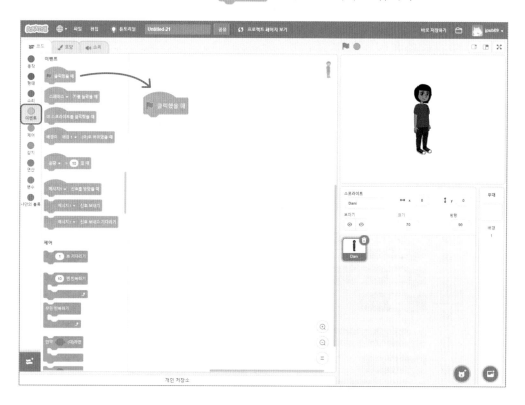

12 스프라이트가 무대에 등장하도록 **형태**를 클릭한 후 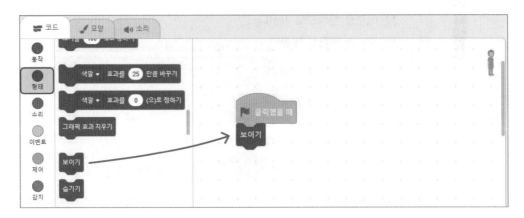 블록을 가져와 블록 아래에 연결합니다.

💡**팁**

찾는 블록이 보이지 않으면 블록 팔레트에서 마우스 스크롤을 아래로 내려 보세요.

13 배경을 흰색으로 바꾸도록 **형태**에서 배경을 배경 1 ▾ (으)로 바꾸기 블록을 가져와 보이기 블록 아래에 연결합니다.

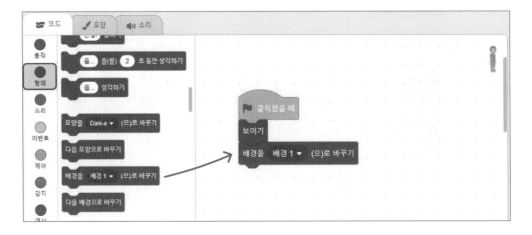

14 스프라이트가 자신의 이름을 말하도록 **형태**에서 안녕! 을(를) 2 초 동안 말하기 블록을 가져와 연결합니다.

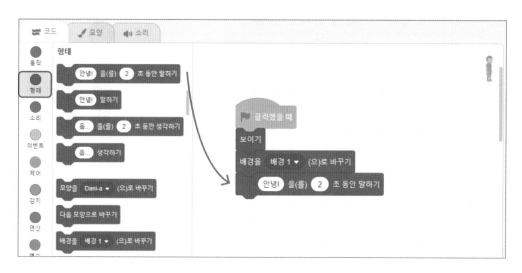

15 '안녕!'을 클릭하여 '안녕? 나는 지한이라고 해'로 바꾸고, '2'를 클릭하여 '4'로 바꿉니다.

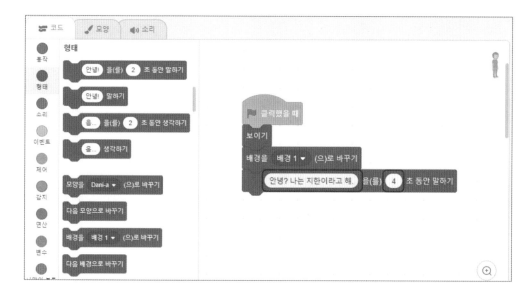

16 시작하기 버튼(🏳)을 누르면, 스프라이트가 무대에 등장하고, 배경을 바꾸고, 자신의 이름을 말하는 것을 확인할 수 있습니다.

4단계 | 꿈 말하기

1 배경을 우주비행선으로 바꾼다.
2 자신의 꿈이 우주비행사라고 말한다.

17 소개가 끝나면 배경을 우주비행선으로 바꾸게 해봅시다. **형태**에서 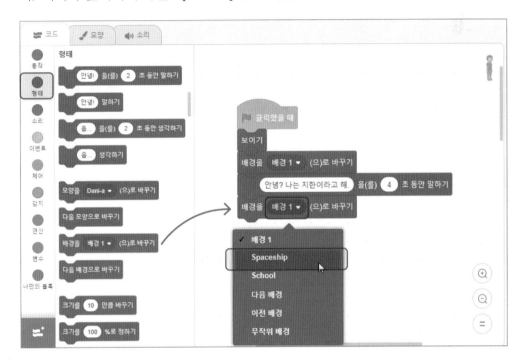 블록을 가져와 **16** 아래에 연결합니다. '배경 1'을 클릭하면 드롭다운 메뉴가 나옵니다. 여기서 앞에서 추가한 'Spaceship'을 선택합니다.

18 다음으로 자신의 꿈을 말하도록 **형태**에서 블록을 가져와 연결합니다. '안녕!'과 '2'를 각각 '내 꿈은 우주비행사야!'와 '4'로 바꿉니다.

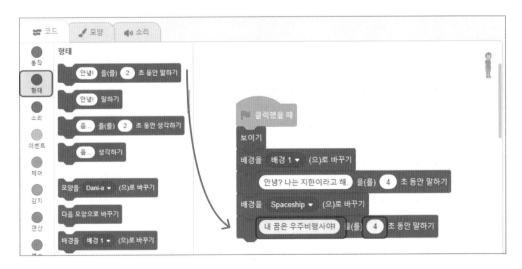

1 배경을 학교로 바꾼다.
2 자신의 다짐을 말한다.
3 무대에서 사라진다.

19 이번에는 배경을 학교로 바꿔 봅시다. **17**과 같이 **형태**에서 ⬛ 배경을 배경1 ▾ (으)로 바꾸기 블록 을 가져와 '배경 1'을 'School'로 바꿉니다.

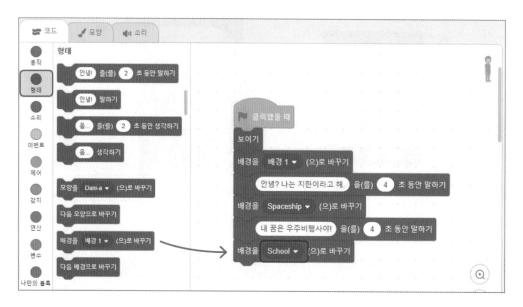

20 이어서 자신의 다짐을 말하도록 **형태**에서 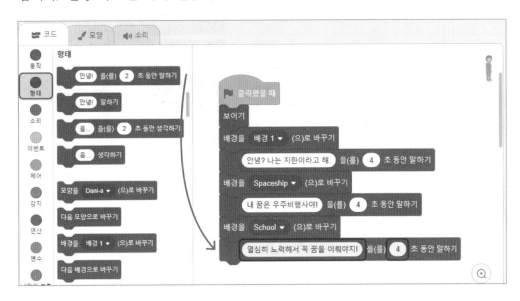 블록을 가져와 연결 합니다. '안녕!'과 '2'를 각각 '열심히 노력해서 꼭 꿈을 이뤄야지!'와 '4'로 바꿉니다.

21 마지막으로, 스프라이트가 무대에서 사라지도록 **형태**에서 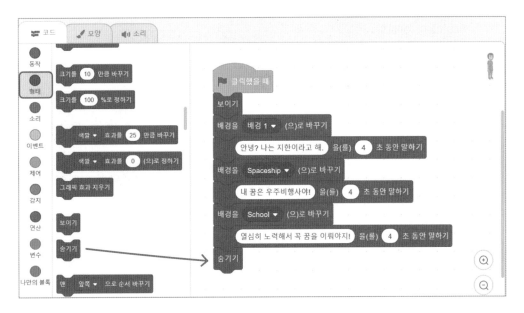 블록을 가져와 연결 합니다.

22 시작하기 버튼(⚑)을 눌러 프로그램
이 잘 동작하는지 살펴봅시다.

검토하기

1단계 | 프로젝트 제목 정하고 저장하기

1 만들기 화면 상단의 제목을 클릭하고 완성된 프로젝트의 제목을 '내 꿈을 소개합니
다.'라고 입력합니다.

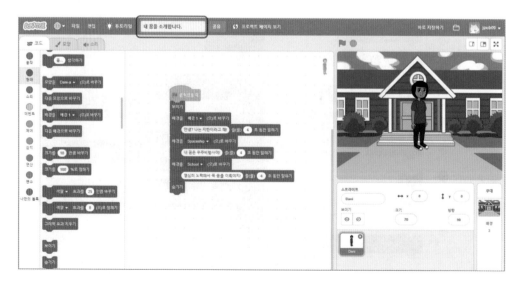

2 **파일 - 저장하기**를 눌러 프로그램을 저장합니다. 프로젝트가 저장되면 만들기 화면 상단에 '프로젝트가 저장되었습니다.'라는 메시지가 나옵니다.

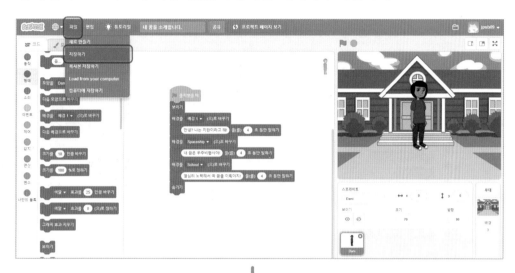

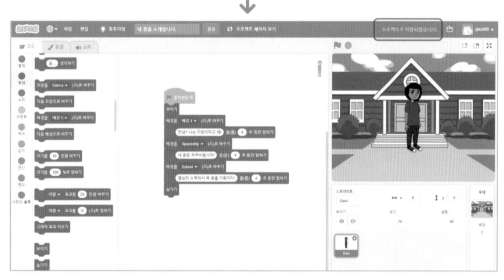

3 만들기 화면 상단에서 **프로젝트 페이지 보기**를 클릭합니다.

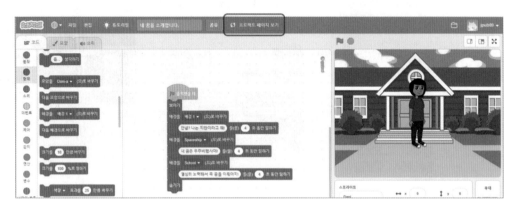

4 프로젝트 페이지에 제목과 사용 방법, 참고사항 및 참여자를 입력합니다. 사용 방법에는 여러분이 만든 프로젝트 사용법을 입력합니다. 참고사항 및 참여자에는 이 프로젝트를 만들 때 다른 사람의 아이디어나 그림, 코드를 활용했다면 감사의 글을 입력합니다. 댓글 기능을 끄려면 '댓글달기 켜짐' 버튼을 클릭하여 '댓글달기 꺼짐'으로 바꿉니다.

5 프로젝트 페이지에 내용을 모두 입력했다면 **공유** 버튼을 눌러 다른 사람과 공유합니다.

6 '링크 복사' 버튼을 누르면 공유한 프로젝트 주소가 복사됩니다. 이 주소를 메신저나 SNS에 올리면 친구들이 내가 만든 작품을 볼 수 있습니다.

7 내가 만든 작품들은 상단 메뉴에서 **내 작업실**을 클릭하면 확인할 수 있습니다.

8   내가 만든 작품에 오류가 있는지 확
인하여 수정하고, 오류가 없다면 친
구들의 댓글을 통해 더 개선할 점은
없는지 살펴봅니다.

9   메뉴에서 **탐험하기**를 클릭하면 다른 사람들은 어떤 프로젝트를 만들었는지 살펴
볼 수 있습니다. 원하는 프로젝트를 클릭한 다음 **리믹스**를 누르면 다른 사람의 프
로젝트를 저장해서 변경할 수 있습니다. **스크립트 보기**를 눌러 다른 사람은 어떻게
스크립트를 작성했는지 살펴보세요. 이렇게 다른 프로젝트에서 아이디어를 얻어 자
신의 프로젝트를 발전시킬 수 있습니다.

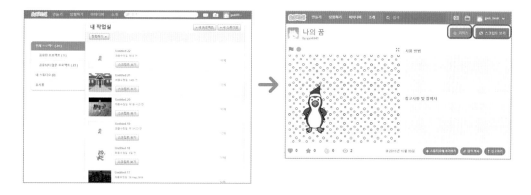

2부

기초 쌓기

3장

애니메이션 만들기 1
-닭과 병아리

학습 목표

순차 개념을 활용하여 닭과 병아리가 대화하는 애니메이션을 만들어봅시다.

프로그래밍 개념

순차 구조

스크래치 기능

말하기, 모양, 소리

난이도

★ ☆ ☆ ☆ ☆

프로젝트 살펴보기

• 닭과 병아리의 대화를 살펴봅시다.

프로젝트 미리보기

http://bit.ly/jpubp03

조작 키

없음

1단계

닭이 병아리를 부르고 병아리가 대답합니다.

2단계

닭이 병아리에게 모이를 먹으라고 하면 병아리가 모이를 먹습니다.

개념 다지기

순차 – 순서대로 명령을 내려요!

스크래치 블록을 조립해서 스프라이트에 명령을 내리면 우리가 원하는 프로그램을 만들 수 있습니다. 블록을 조립하고 시작하기 버튼(▶)을 누르면 컴퓨터는 조립된 블록 명령어를 '위에서 아래의' 순서대로 실행합니다. 이렇게 컴퓨터가 명령을 위에서 아래로 순서대로 실행하는 것을 **순차**라고 합니다. 만약, 블록의 순서가 바뀌면 실행되는 순서도 바뀌게 됩니다. 그러므로 프로그램을 만들 때는 어떤 순서로 명령을 내릴지 잘 생각하고, 그 순서에 맞게 블록을 조립해야 합니다.

예제

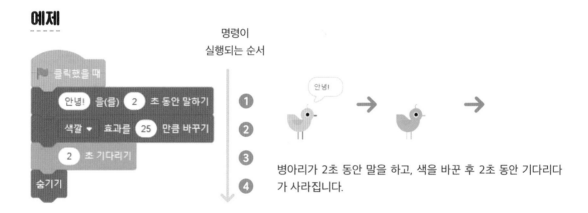

병아리가 2초 동안 말을 하고, 색을 바꾼 후 2초 동안 기다리다가 사라집니다.

프로그래밍하기

1 스크래치 사이트(https://scratch.mit.edu)에 접속합니다. 로그인한 후 **만들기** 페이지를 실행합니다. 그리고 여기서 사용하지 않을 기본 스프라이트인 '스프라이트 1'을 삭제하겠습니다. 스프라이트 목록에서 삭제(🗑)를 누르면 삭제할 수 있습니다.

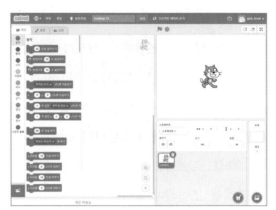

2 필요한 스프라이트를 추가하기 위해 스프라이트 고르기(🐱)를 눌러 보세요. 그리고 위쪽에 보이는 카테고리에서 **동물**을 클릭하고 'Chick'과 'Hen'을 선택합니다. 그러면 추가된 스프라이트가 목록에 나타납니다.

3 필요한 배경을 추가하기 위해 배경 고르기()를 눌러 보세요. 그리고 **실외** 카테고리에서 'Farm'을 선택합니다.

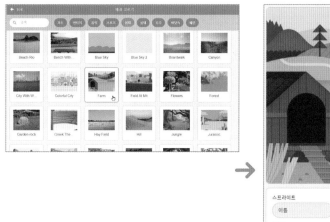 →

4 다음과 같이 스프라이트의 위치와 크기를 변경합니다. 무대에서 스프라이트를 클릭해서 옮기거나, 스프라이트 영역에서 x, y, 크기 값을 직접 입력하여 변경할 수 있습니다.

💡**팁**

자세한 위치와 크기는 스프라이트와 배경 준비하기를 확인합니다.

스프라이트와 배경 준비하기

스프라이트와 배경			
이름	Hen	Chick	Farm
카테고리	동물	동물	실외
x	-150	50	
y	-55	-110	
크기	100	100	

1단계 | 대화하기 – 닭이 병아리를 부르고 병아리가 대답합니다.

1 소리내기
2 병아리를 2초 동안 부르기

1 2초 동안 기다리기
2 소리를 내고 대답하기

5 닭이 소리를 내게 해봅시다. Hen 스프라이트를 클릭하고, 이벤트에서 ▶ 클릭했을 때 블록을 스크립트 영역으로 옮깁니다. 소리를 내도록 **소리**에서 bird ▼ 끝까지 재생하기 블록을 가져와 연결합니다.

♡팁

Hen 스트라이프에는 bird 소리가 기본으로 추가되어 있습니다. 소리 탭을 클릭하면 다양한 소리를 추가하고 편집할 수 있습니다.

6   닭이 병아리를 2초 동안 부르게 해봅시다. **형태**에서  블록을
가져와 연결하고 '안녕!'을 '병아리야!'로 바꿉니다.

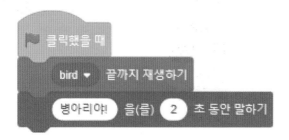

7   닭이 말하는 2초 동안 병아리를 가만히 기다리게 해봅
시다. Chick 스프라이트를 클릭하고, **이벤트**에서
▶ 클릭했을 때 블록과 ① 초 기다리기 블록을 연결합니다. 그리
고 '1'초를 '2'초로 바꿉니다.

8   닭이 말한 후에 병아리가 소리를 내고 대답을 하도록 해봅시다. **소리**에서
 Chirp ▾ 끝까지 재생하기 블록과 **형태**에서 안녕! 을(를) 2 초 동안 말하기 블록을 가져와 연결하고,
'안녕!'을 '네!'로 바꿉니다.

9 시작하기 버튼(🚩)을 누르면 닭이 병아리를 부르고 병아리가 대답하는 것을 볼 수 있습니다.

💡**팁**

2초를 기다리는 이유
시작하기 버튼(🚩)을 누르면 모든 스프라이트의 스크립트(블록의 모음)가 동시에 실행됩니다. 자연스럽게 대화하는 것처럼 보이도록 앞서 만든 스크립트에서 닭이 병아리를 부르는 2초 동안 병아리를 기다리게 한 뒤, 닭의 말이 끝나면 소리를 내고 대답하도록 프로그래밍한 것입니다.

2단계	모이 먹기 – 닭이 병아리에게 모이를 먹으라고 하면 병아리가 모이를 먹습니다.

1️⃣ 2초 기다리기
2️⃣ 모이를 먹으라고 말하기

1️⃣ 2초 기다리기
2️⃣ 모이를 먹는 모양으로 바꾸고 대답하기

10 앞에서 병아리가 대답하는 2초 동안 닭을 기다리게 한 후, 모이를 먹으라고 말하게 해봅시다. Hen 스프라이트를 클릭하고, **제어**에서  블록을 가져와 '1'을 '2'로 바꿉니다. **형태**에서 블록을 가져와 '안녕!'을 '모이를 먹어 보렴!'으로 바꿉니다.

11 마찬가지로, 병아리를 닭이 말하는 동안 기다리게 해봅시다. Chick 스프라이트를 클릭하고, **제어**에서 블록을 가져와 '2'초로 바꿉니다.

12 마지막으로, 병아리가 모이를 먹는 것처럼 보이도록 모양을 바꾸고, 대답을 하게 해봅시다. **모양** 탭을 클릭하면 병아리가 가지고 있는 다양한 모양을 확인할 수 있습니다. 모양을 바꾸려면 모양 목록에 있는 모양을 누르거나 모양을 chick-a ▼ (으)로 바꾸기 블록을 사용하면 됩니다.

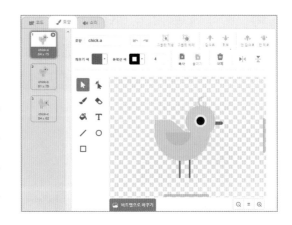

13 모이를 먹는 모양은 chick-c입니다. **형태**에서 모양을 chick-a ▼ (으)로 바꾸기 블록을 가져와 연결하고 드롭다운 버튼을 눌러 'chick-c'로 바꿉니다.

💡**팁**

드롭다운 버튼
스크래치 블록에서는 드롭다운 버튼을 누르면 활용할 수 있는 다양한 선택지를 보여 줍니다.

14 이어서 병아리가 대답하도록 **형태**에 서  블록을 가 져와 '네 엄마!'라고 '2'초 동안 말하 도록 바꿉니다.

15 시작하기 버튼(🏳)을 눌러보세요. 닭이 병아리에게 모이를 먹으라고 하 면 병아리가 모이를 먹는 것을 볼 수 있습니다.

16 프로젝트 실행이 끝나고 다시 시작 하기 버튼(🏳)을 눌러보세요. 병아 리가 모이를 먹는 모양인 채로 있습 니다. 원래 모양으로 하려면 어떻게 해야 할까요?

17 스크래치에서는 프로젝트 실행이 끝나고 다시 실행해도 마지막에 실행된 결과가 그대로 남아 있습니다. 그렇기 때문에 '초기화'하는 과정이 필요합니다. 다시 실행했을 때 스프라이트의 위치나 모양, 효과 등이 처음 상태로 바뀌도록 스크립트를 더 작성해야 하는 것이죠. 여기서는 병아리 모양을 원래대로 바꾸도록 **형태**의 모양을 chick-a ▾ (으)로 바꾸기 블록을 클릭했을 때 블록 바로 아래에 넣어주면 됩니다.

💡**팁**

모양을 chick-a ▾ (으)로 바꾸기 블록을 클릭했을 때 블록 아래로 가져가 보세요. 쏙 들어가죠? 이렇게 원하는 부분에 언제든 블록을 추가할 수 있어요!

검토하기

완성된 스크립트를 검토해 봅시다. http://bit.ly/jpubc03에 접속하면 전체 코드를 볼 수 있습니다. 놓친 부분은 없는지 천천히 살펴보세요.

- 초기화 블록(병아리의 모양을 원래대로 바꿈)
- 닭이 말할 때 기다리는 블록
- 소리를 내고 대답하는 블록
- 닭이 말하는 동안 기다리는 블록
- 모이 먹는 모양으로 바꾸고 대답하는 블록

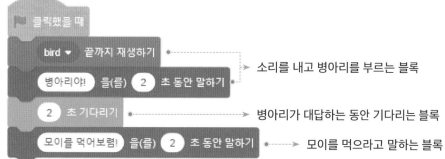

- 소리를 내고 병아리를 부르는 블록
- 병아리가 대답하는 동안 기다리는 블록
- 모이를 먹으라고 말하는 블록

더 나아가기

❶ 병아리가 모이를 먹은 후에 닭도 모이를 먹도록 모양을 변경해 봅시다.

❷ 다양한 블록을 사용하여 뒷이야기를 더 꾸며봅시다.

4장

애니메이션 만들기 2
-달려가는 곰

학습 목표

반복 개념을 활용하여 곰이 달려가는 애니메이션을 만들어봅시다.

프로그래밍 개념

순차 구조, 반복 구조

스크래치 기능

움직이기, 이동하기, 튕기기, 회전 방식, 생각하기, 모양

난이도

★ ☆ ☆ ☆ ☆

프로젝트 살펴보기

- 곰의 움직임과 모양을 살펴봅시다.
- 곰이 벽에 닿았을 때 어떻게 변하는지 살펴봅시다.

프로젝트 미리보기

 http://bit.ly/jpubp04

조작 키

없음

1단계

고기가 어디 있는지 생각하며 앞으로 달려갑니다.

2단계

벽에 닿으면 반대 방향을 바라보며 달려갑니다.

반복 - 반복되는 명령을 묶어요!

프로그램을 만들다 보면 스프라이트에 반복되는 명령을 내려야 할 때가 많습니다. 예를 들어, 애니메이션을 만들 때 주인공 캐릭터가 조금씩 계속 앞으로 이동하려면 반복되는 명령을 내려야 합니다. 이런 행동을 블록 명령어로 표현하려면 매우 불편합니다. 같은 블록을 계속 연결해야 하기 때문이죠. 하지만 스크래치에서는 아래와 같이 반복하기 블록이 제공되어 반복되는 명령을 쉽게 내릴 수 있습니다.

이와 같이 컴퓨터가 반복하는 행동을 하도록 명령을 내리는 것을 **반복**이라 합니다. 스크립트를 작성할 때 반복해야 하는 내용이 나오면 반복하기 블록을 사용하여 묶는 것이 좋습니다.

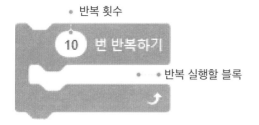

설정한 횟수만큼 감싸고 있는 블록들을 반복하여 실행합니다.

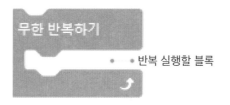

감싸고 있는 블록들을 계속 반복해서 실행합니다.

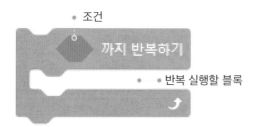

특정한 조건이 참이 될 때까지 감싸고 있는 블록들을 반복하여 실행합니다.

예제

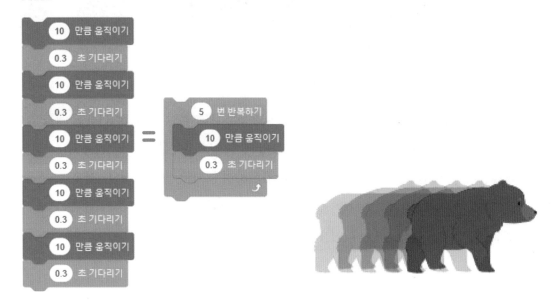

반복하는 동작이 있으면 '반복하기' 블록으로 스크립트를 간단하게 표현할 수 있습니다.

곰이 10만큼씩 앞으로 다섯 걸음 이동합니다.

프로그래밍하기

1 필요한 스프라이트를 추가합니다.
먼저, 이 프로젝트에서 사용하지 않
을 '스프라이트 1'을 삭제하고, 스프
라이트 고르기()를 눌러 'Bear-
walking'을 선택합니다.

💡**팁**

> Bear-walking은 '동물'에 있습니다.

2 필요한 배경을 추가합니다. 배경 고
르기(◻)를 눌러 'Arctic'을 선택합니
다.

💡**팁**

> Arctic은 '실외'에 있습니다.

3 다음과 같이 스프라이트의 위치와
크기를 변경합니다.

💡**팁**

> 자세한 위치와 크기는 스프라이트와 배경 준비하
> 기를 확인합니다.

스프라이트와 배경 준비하기

스프라이트와 배경		
이름	Bear-walking	Arctic
카테고리	동물	실외
x	-150	
y	-10	
크기	50	

1단계 | 생각하며 달려가기 – 고기가 어디 있는지 생각하며 앞으로 달려갑니다.

1 처음 위치로 이동하기
2 '고기가 어디 있지?'라고 생각하기
3 앞으로 움직이기
4 모양 바꾸고 잠시 기다리기 ⟶ 반복

4 먼저, 곰이 처음 위치로 이동하도록 초기화 블록을 만들겠습니다. Bear-walking 스프라이트를 클릭하고, **이벤트**에서 🏳 블록을 스크립트 영역으로 옮깁니다. 이어서 **동작**에서 x: -150 y: -10 (으)로 이동하기 블록을 연결합니다.

💡**팁**

이렇게 만들면 다시 '시작하기'를 눌렀을 때 곰이 처음 위치(x: -150, y: -10)로 돌아옵니다. 참고로, 이동하기 블록의 X, Y 좌표는 스프라이트의 현재 위치에 따라 달라집니다. 위치를 나타내는 좌표에 대해 궁금하면 206쪽을 참고하세요.

5 곰이 머릿속으로 생각하는 모습을 표현해 봅시다. **형태**에서 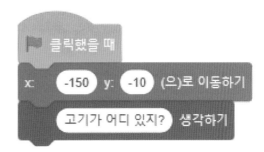 블록을 가져와 연결하고 '음…'을 '고기가 어디 있지?'로 바꿉니다.

💡**팁**

말하기와 생각하기

말하기와 생각하기 블록의 차이점은 말풍선 모양에 있습니다. 애니메이션에서 말을 하는 모습은 '말하기' 블록으로, 생각하는 모습은 '생각하기' 블록을 사용하는 것이 좋습니다.

6 곰이 달려가는 모습은 앞으로 이동하며 모양을 바꾸는 방법으로 표현할 수 있습니다. **모양** 탭을 보면 곰의 다양한 모양이 있는 것을 볼 수 있습니다. **코드** 탭을 눌러 **동작**에서 10 만큼 움직이기 블록, **형태**에서 다음 모양으로 바꾸기 블록, **제어**에서 1 초 기다리기 블록을 가져와 차례대로 연결하고 '1'초를 '0.1'초로 바꿉니다.

💡**팁**

0.1 초 기다리기 블록은 곰이 천천히 달려가는 효과를 주기 위해 넣은 블록입니다.

7 **6**에서 만든 스크립트는 곰을 한 걸음 움직이게 하는 스크립트입니다. 여러 걸음 움직이게 하려면 이 스크립트를 계속 만들어야 합니다. 이때, 앞에서처럼 블록 팔레트에서 블록을 가져와 조립해도 되지만, '복사하기'를 사용하면 더 편리하게 블록을 조립할 수 있습니다. [10 만큼 움직이기] 위에 마우스포인터를 올려놓고 마우스 오른쪽 버튼을 클릭해 보세요. **복사하기**를 선택하면 [10 만큼 움직이기] 블록 아래에 있는 스크립트까지 함께 복사됩니다.

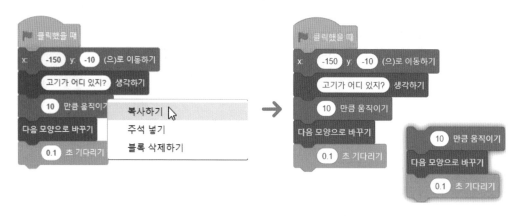

8 '복사하기'를 두 번 실행하여 다음 그림과 같이 연결해 보세요.

9 시작하기 버튼(🏴)을 눌러 확인해 보세요. 곰이 세 걸음밖에 움직이지 않습니다. 앞으로 계속 달려가게 하려면 훨씬 더 긴 스크립트를 작성해야 합니다. 여기서는 긴 스크립트 대신 '반복하기' 블록을 사용하여 쉽게 명령을 내려봅시다. 먼저, 다음과 같이 [10 만큼 움직이기]를 클릭하여 블록 팔레트로 다시 끌어다 놓아 필요없는 스크립트를 삭제합니다.

💡**팁**

Delete 키를 사용해서 블록을 삭제할 수도 있습니다.

10 다음으로 **제어**에서 무한 반복하기 블록을 가져와 아래 그림처럼 10 만큼 움직이기 블록 위로 가져가 보세요. 다음과 같이 3개의 블록을 감싸도록 조립합니다. 이제 감싼 3개의 블록은 무한 반복해서 실행할 수 있습니다.

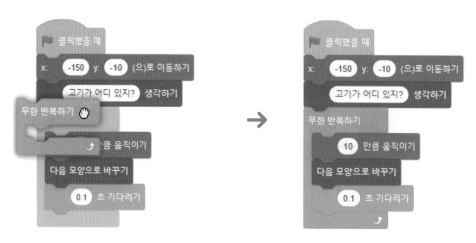

11 시작하기 버튼(🏳)을 누르면 곰이 고기가 어디 있는지 생각하며 앞으로 계속 달려가는 것을 볼 수 있습니다.

2단계 | 벽에 닿으면 반대 방향 바라보기

벽에 닿으면 반대 방향을 바라보며 달려갑니다.

12 11에서 프로젝트를 실행하면 곰이 앞으로 달려가다가 벽을 만나면 계속 제자리에 있는 것을 볼 수 있습니다. 스크래치에서 스프라이트가 무대 밖으로 벗어나지 못하도록 막고 있기 때문입니다.

13 이렇게 벽에 닿았을 때 반대 방향으로 이동하도록 **동작**에서 벽에 닿으면 튕기기 블록을 가져와 무한 반복하기 안에 넣습니다.

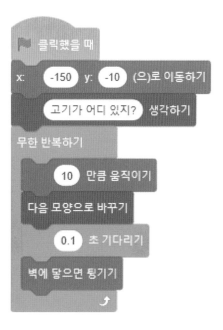

14 시작하기 버튼(🏳)을 눌러보세요. 곰이 벽에 닿으면 뒤집힌 채로 이동하는 것을 볼 수 있습니다.

15 이 문제를 해결하려면 스프라이트의 '회전 방식'을 바꿔야 합니다. **동작**에서 회전 방식을 왼쪽-오른쪽 ▼ (으)로 정하기 블록을 가져와 블록했을 때 블록 아래에 넣고 다시 실행해 보세요. 곰이 제대로 움직이는 것을 볼 수 있습니다.

💡팁

회전 방식

회전 방식은 스프라이트가 벽에 닿았을 때 스프라이트가 바라보는 방향을 결정합니다. [회전 방식을 왼쪽-오른쪽 ▾ (으)로 정하기] 블록처럼 회전 방식과 관련된 블록이나 스프라이트 영역에서 '방향'을 클릭해서 회전 방식을 변경할 수 있습니다.

↻ 회전하기

스프라이트의 방향이 변경되면 스프라이트가 변경된 방향을 바라봅니다.

▶◀ 왼쪽-오른쪽 회전

스프라이트가 바라보는 방향이 좌우로 바뀝니다.

⊘ 회전하지 않기

스프라이트가 바라보는 방향이 변하지 않습니다.

검토하기

완성된 스크립트를 검토해 봅시다. http://bit.ly/jpubc04에 접속하면 전체 코드를 볼 수 있습니다. 놓친 부분은 없는지 천천히 살펴보세요.

회전 방식을 바꾸는 블록

초기화 블록(처음 위치로 이동하는 블록)

고기가 어디 있는지 생각하는 블록

곰이 달려가는 모습을 나타내는 블록

벽에 닿으면 튕기는 블록

더 나아가기

❶ 곰이 앞으로 10걸음만 가게 해봅시다.

❷ 곰이 마우스를 클릭하면 달려가는 것을 멈추게 해봅시다.
   (힌트: '제어'의 '~까지 반복하기' 블록과 '감지'의 '마우스를 클릭했는가?' 블록을 사용해 보세요.)

5장

전자 악기 만들기

학습 목표

이벤트 개념을 활용하여 키보드와 마우스로 연주하는 전자 악기를 만들어봅시다.

프로그래밍 개념

순차 구조, 반복 구조, 이벤트

스크래치 기능

말하기, 모양, 기다리기, 음악

난이도

★ ☆ ☆ ☆ ☆

- 마우스로 드럼을 클릭해 봅시다.
- 키보드 1, 2, 3과 스페이스키를 각각 눌러봅시다.
- 어떤 소리가 나는지 살펴봅시다.

프로젝트 미리보기

http://bit.ly/jpubp05

조작 키

마우스와 키보드

1단계

드럼이 자신을 클릭하라고 말하고, 클릭하면 드럼 비트를 연주합니다.

2단계

전자피아노가 1, 2, 3키를 누르라고 말하고 키를 누르면 피아노 소리를 냅니다.

3단계

심벌즈가 스페이스키를 누르라고 말하고, 키를 누르면 소리를 냅니다.

이벤트 – 어떤 일이 일어났을 때!

이벤트란, 키보드를 누르거나 스프라이트를 클릭했을 때와 같이 어떤 일이 일어났을 때 정해진 행동을 하도록 스크립트를 작성하는 것을 뜻합니다. 스페이스키를 눌렀을 때 음악을 틀거나, 스프라이트를 클릭했을 때 캐릭터의 색깔이 바뀌는 스크립트들은 이벤트 개념을 활용한 것입니다. 이벤트 블록을 활용하면 이벤트 블록에 적힌 일이 일어날 때마다 그 아래에 연결된 블록이 실행됩니다.

• 시작하기 버튼을 클릭했을 때 그 아래에 연결된 블록들을 실행합니다.

• 스프라이트를 클릭할 때마다 그 아래에 연결된 블록들을 실행합니다.

• 배경이 선택한 배경으로 바뀌면 그 아래에 연결된 블록들을 실행합니다.

• 음량이나 타이머가 특정 값보다 크면 그 아래에 연결된 블록들을 실행합니다.

• 키보드에서 선택한 키를 누를 때마다 그 아래에 연결된 블록들을 실행합니다.

예제

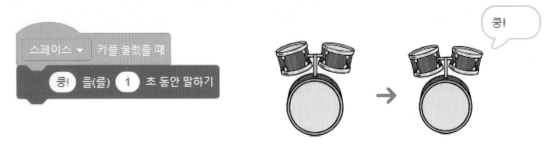

스페이스키를 누를 때마다 '쿵!'이라고 말합니다.

스프라이트를 클릭할 때마다 색이 바뀝니다.

프로그래밍하기

1 필요한 스프라이트를 추가합니다. 기본 스프라이트인 '스프라이트 1'을 삭제하고, 'Drum Kit', 'Keyboard', 'Drum-cymbal'을 추가합니다.

💡**팁**

Drum Kit, Keyboard, Drum-cymbal은 '음악'에 있습니다.

2 필요한 배경을 추가합니다. 배경으로는 'Concert'를 선택합니다.

💡**팁**

Concert는 '실내'에 있습니다.

3 다음과 같이 스프라이트의 위치와 크기를 변경합니다.

💡**팁**

자세한 위치와 크기는 스프라이트와 배경 준비하기를 확인합니다.

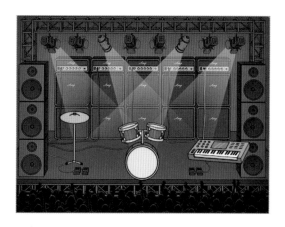

스프라이트와 배경 준비하기

스프라이트와 배경				
이름	Drum Kit	Keyboard	Drum-cymbal	Concert
카테고리	음악			실내
x	0	150	-130	
y	-75	-80	-55	
크기	100	100	100	

1단계 | 드럼 만들기 – 드럼이 자신을 클릭하라고 말하고, 클릭하면 드럼 비트를 연주합니다.

1 '나를 클릭해 봐!'라고 말하기
2 스프라이트를 클릭하면 드럼 연주하기 ┄┄→ 반복
3 다음 모양으로 바꾸기

4 드럼이 나를 클릭하라고 말하게 해봅시다. Drum Kit 스프라이트를 클릭하고, **이벤트**에서 ⚑클릭했을때 블록을 가져와 스크립트 영역으로 옮깁니다. 이어서 **형태**에서 안녕! 을(를) 2 초 동안 말하기 블록을 연결하고 '안녕!'을 '나를 클릭해 봐!'로 바꿉니다.

5 계속해서, 드럼을 클릭했을 때 드럼 연주를 계속하
도록 **이벤트**에서 `이 스프라이트를 클릭했을 때` 블록을 가져와서
제어에 있는 `무한 반복하기` 블록을 연결합니다.

6 악기 연주와 관련된 블록은 '확장' 블록에 있습니다. 블록 팔레트 하단의 **확장 기능
추가하기**를 클릭하고 **음악**을 선택합니다. 그러면 **코드** 탭의 카테고리에 **음악**이 추
가됩니다.

7 드럼 비트를 만들어봅시다. **음악**에서 `(1) 스네어 드럼 ▾ 번 타악기를 0.25 박자로 연주하기` 블록 4개를 가
져와 `무한 반복하기` 안에 넣습니다. 타악기는 다음과 같이 설정합니다.

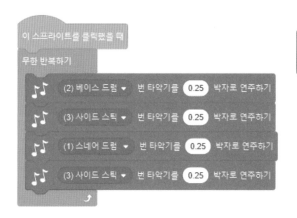

💡**팁**

타악기 종류와 박자를 자유롭게 수정하면서
여러분이 원하는 비트를 만들어보세요.

8 연주가 끝날 때마다 드럼 모양이 바뀌도록 **형태**에서 다음 모양으로 바꾸기 블록을 가져와 넣습니다.

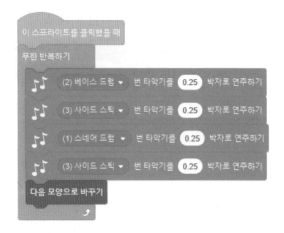

9 시작하기 버튼(🏴)을 누르고 드럼을 클릭하면 드럼 연주를 들을 수 있습니다.

2단계 　 **전자피아노 만들기 – 전자피아노가 1, 2, 3키를 누르라고 말하고, 키를 누르면 피아노 소리를 냅니다.**

　 1 '1, 2, 3키를 눌러 봐!'라고 말하기

　 2 1, 2, 3키를 누르면 피아노 소리내기

　 3 다른 모양으로 바꿨다가 원래 모양으로 돌아오기

10 전자피아노가 1, 2, 3키를 누르라고 말하게 해봅시다. Keyboard 스프라이트를 클릭하고, **이벤트**에서 블록을 가져와 스크립트 영역으로 옮깁니다. 이때 **4**에서 드럼이 말하는 동안 전자피아노는 기다리도록 **제어**에서 블록을 연결하고 '1'을 '2'로 바꿔줍니다. 그다음에 **형태**에서 블록을 연결하고, '안녕!'을 '1, 2, 3키를 눌러 봐!'로 바꿉니다.

11 키보드에서 1키를 누르면 피아노 '도' 음을 내고 모양이 바뀌게 해봅시다. **이벤트**에서 블록을 가져와 드롭다운 버튼을 눌러 '1'키로 바꿉니다. 이어서 **음악**에서 블록을 연결하고 박자는 0.01로 바꿔줍니다. 그리고 **형태**의 블록을 연결한 후 드롭다운 버튼을 눌러 모양을 'keyboard-b'로 바꿉니다.

> 💡**팁**
>
> **음 연주 블록**
> 스크래치에서는 0부터 130번까지 다양한 음을 낼 수 있습니다. 예를 들어, C(60)은 '도', C(62)는 '레', C(64)는 '미' 음을 나타냅니다.

12 시작하기 버튼(🏳)을 누르고 키보드
에서 1을 누르면 '도' 소리가 나면서
전자피아노 모양이 바뀌는 것을 볼
수 있습니다.

13 그런데 **12**에서 프로젝트를 실행해 보았기 때문에 전자피아노의 모양이 바뀐 채로
있습니다. 전자피아노의 모양이 원래대로 초기화되도록 **제어**의 `1 초 기다리기` 블록
과 **형태**의 `모양을 keyboard-a ▾ (으)로 바꾸기` 블록을 사용하여 다음과 같이 스크립트를 작성합
니다. 이때 '1'초는 '0.1'초로 바꿉니다.

14 이제 키보드 2, 3키를 누르면 각각 피아노 '레'와 '미' 음을 내게 해봅시다. **10~13**을 참고하여 스크립트를 작성하고, 1, 2, 3키를 눌러 전자피아노 소리가 나는지 확인해 봅시다.

3단계 | **심벌 만들기 – 심벌이 스페이스키를 누르라고 말하고, 키를 누르면 심벌 소리를 냅니다.**

1 '스페이스키를 눌러 봐'라고 말하기
2 스페이스키를 누르면 심벌 소리내기
3 다른 모양으로 바꿨다가 원래 모양으로 돌아오기

15 심벌이 스페이스키를 누르라고 말하게 해봅시다. Drum-cymbal 스프라이트를 클릭하고, 다음과 같이 스크립트를 작성합니다. **4**와 **10**에서 드럼과 전자피아노가 말하는 동안 기다리기 위해 [4 초 기다리기] 블록을 추가했습니다.

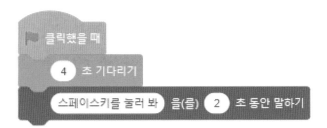

16 이제 스페이스키를 누르면 심벌 소리를 내고 모양이 바뀌게 해봅시다. **14**를 참고하여 다음과 같이 스크립트를 작성합니다.

17 시작하기 버튼(🏳)을 눌러 나만의 전자악기를 연주해 봅시다.

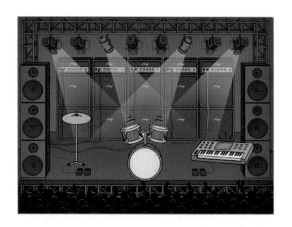

검토하기

완성된 스크립트를 검토해 봅시다. http://bit.ly/jpubc05에 접속하면 전체 코드를 볼 수 있습니다. 놓친 부분은 없는지 천천히 살펴보세요.

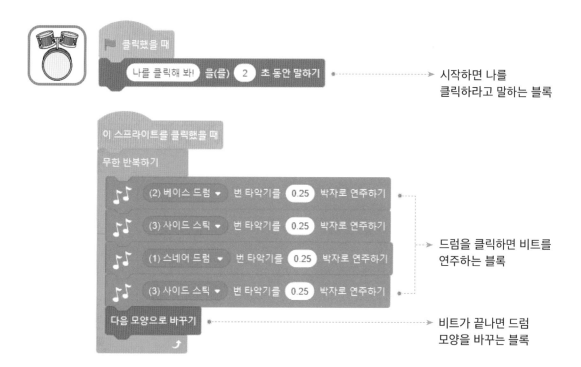

시작하면 나를 클릭하라고 말하는 블록

드럼을 클릭하면 비트를 연주하는 블록

비트가 끝나면 드럼 모양을 바꾸는 블록

드럼이 말하는 동안
기다리는 블록

1, 2, 3키를 눌러보라고
말하는 블록

1을 누르면 '도' 음을
연주하는 블록

모양을 바꿨다가 다시
원래대로 바꾸는 블록

2를 누르면 '레' 음을
연주하는 블록

모양을 바꿨다가 다시
원래대로 바꾸는 블록

3을 누르면 '미' 음을
연주하는 블록

모양을 바꿨다가 다시
원래대로 바꾸는 블록

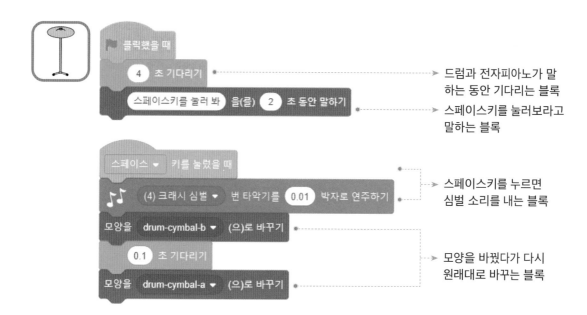

드럼과 전자피아노가 말
하는 동안 기다리는 블록

스페이스키를 눌러보라고
말하는 블록

스페이스키를 누르면
심벌 소리를 내는 블록

모양을 바꿨다가 다시
원래대로 바꾸는 블록

더 나아가기

① 0키를 누르면 여러 음이 차례대로 흘러나오는 전자피아노 연주를 하게 해봅시다.

② 드럼의 비트를 바꾸거나, 연주 악기를 피아노가 아닌 다른 악기로 바꿔봅시다.

    (힌트: '음악'의 '악기를 ~(으)로 정하기' 블록을 사용해 보세요.)

6장

퀴즈를 맞혀라

학습 목표

선택, 비교 연산 개념을 활용하여 문제를 내고 푸는
게임을 만들어봅시다.

프로그래밍 개념

순차 구조, 선택 구조, 비교 연산

스크래치 기능

말하기, 모양, 보이기/숨기기, 소리, 묻고 기다리기

난이도

★★☆☆☆

프로젝트 살펴보기

- 프로젝트를 여러 번 실행하며 문제의 정답과 오답을 입력해 봅시다.
- 정답을 맞혔을 때와 틀렸을 때 캐릭터가 어떤 행동을 하는지 살펴봅시다.

프로젝트 미리보기

http://bit.ly/jpubp06

조작 키

키보드

1단계

캐릭터가 문제를 냅니다.

2단계

정답을 맞히면 길을 비켜준다고 말하고 사라집니다.

3단계

오답을 입력하면 다음에 다시 도전하라고 말합니다.

개념 다지기

선택 – 조건에 따라 다른 명령을 내려요!

프로그램을 만들다 보면 스프라이트가 조건에 따라 다른 행동을 하도록 해야 할 때가 많습니다. 퀴즈 맞히기 게임을 만들 때도 사용자가 정답을 맞혔을 때와 틀렸을 때 캐릭터가 각각 다른 말을 해야겠죠. 이처럼 조건에 따라 컴퓨터가 명령을 다르게 실행하는 것을 **선택**이라 합니다. **조건**은 '참'과 '거짓'으로 확실하게 구분될 수 있는 것을 말합니다. 퀴즈 게임에서는 '정답 여부'가 조건이 되겠죠? 다음과 같은 블록을 활용하면 다양한 조건에 따라 다른 명령을 수행하는 프로그램을 만들 수 있습니다.

새로운 블록 만나기

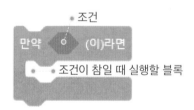

만약 조건이 참이라면 감싸고 있는 블록을 실행합니다.

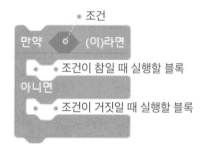

만약 조건이 참이라면 첫 번째 칸에 있는 블록을 실행하고, 조건이 거짓이라면 두 번째 칸에 있는 블록을 실행합니다.

비교 연산 – 값을 비교하는 조건을 만들어요!

조건은 다양한 블록을 통해 만들 수 있습니다. '게임이 시작된 지 10초가 지났는가?', '문제의 정답과 사용자의 대답이 같은가?'처럼 숫자나 문자 값을 비교하여 조건을 만드는 것을 **비교 연산**이라 합니다. 비교 연산 블록은 두 값의 비교 결과에 따라 '참'과 '거짓'의 값을 가집니다. 이 블록은 앞서 살펴본 선택 블록과 함께 사용되어 스프라이트가 조건에 따라 다른 행동을 하도록 도와줍니다.

예제

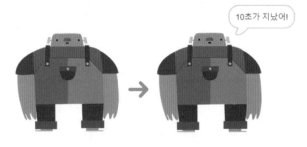

'시작하기'를 클릭했을 때 동작하는 타이머 값이 10보다 크면 조건이 참이 되어 그 아래에 있는 말하기 블록을 실행합니다.

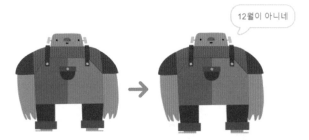

프로그램을 실행하는 달(month)에 따라 다른 말을 합니다.

프로그래밍하기

1 필요한 스프라이트를 추가합니다. 기본 스프라이트인 '스프라이트 1'을 삭제하고, 'Frank'를 추가합니다.

💡**팁**

Frank는 '판타지'에 있습니다.

2 필요한 배경을 추가합니다. 배경으로는 'Woods'를 선택합니다.

💡**팁**

Woods은 '실외'에 있습니다.

3 다음과 같이 스프라이트의 위치와 크기를 변경합니다.

💡**팁**

자세한 위치와 크기는 스프라이트와 배경 준비하기를 확인합니다.

스프라이트와 배경 준비하기

스프라이트와 배경		
이름	Frank	Woods
카테고리	판타지	실외
x	140	
y	-40	
크기	100	

1단계 | 문제 내기 - 캐릭터가 문제를 냅니다.

1 소리내기
2 퀴즈를 맞혀야 지나갈 수 있다고 말하기
3 문제 내기

4 캐릭터가 소리를 내게 해 봅시다. Frank 스프라이트를 클릭하고 **이벤트**에서 ▶클릭했을때 블록과 **소리**의 wolf howl ▼ 재생하기 블록을 가져와 연결합니다.

5 퀴즈를 맞혀야 지나갈 수 있다고 말하도록 **형태**에서  블록을 연결하고, '안녕!'을 '퀴즈를 맞히면 지나갈 수 있지!'로 바꿉니다. 이어서 문제를 내도록 **감지**에서  블록을 연결하고 'What's your name?'(너 이름이 뭐니?)을 '우리나라 제2의 도시 이름은?'으로 바꿉니다.

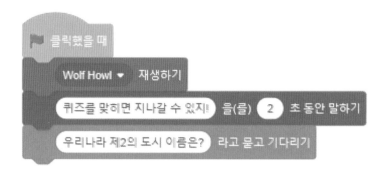

💡 **팁**

묻고 기다리기
프로젝트에서 사용자의 입력을 받고 싶을 때 '묻고 대답 기다리기' 블록을 사용할 수 있습니다. 이 블록을 사용하면 말풍선과 입력 창이 나타나며, '대답'에 사용자가 입력한 값이 저장됩니다.

6 시작하기 버튼(🏳)을 누르면 캐릭터가 문제를 내는 것을 확인할 수 있습니다.

| 2단계 | 정답을 맞혔을 때 – 정답을 맞히면 길을 비켜준다고 말하고 사라집니다. |

1 정답인지 아닌지 판단하기
2 정답이면 소리 재생하기
3 길을 비켜준다고 말하기
4 사라지기

7 사용자가 문제의 답을 입력하면 정답과 같은지 판단하도록 해봅시다. **제어**의 `만약 (이)라면` 블록과 **연산**의 `= 50` 블록을 가져와 조건 영역( )에 넣습니다.

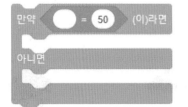

💡**팁**

조건 영역에 블록을 끼워 넣을 때는 조건 영역의 오른쪽 끝 부분에 블록을 가져다 놓으면 됩니다.

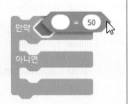

8 **감지**에서 `대답` 블록을 가져와 `= 50` 블록의 왼쪽 칸에 넣습니다. 이 블록에는 사용자가 입력한 대답이 저장되어 있습니다. 오른쪽 칸에는 문제의 정답인 '부산'을 입력합니다.

9　정답을 맞히면 소리가 나도록 **소리** 탭을 클릭하고, 소리 고르기( )를 눌러 'Bonk'와 'Tada' 소리를 추가합니다.

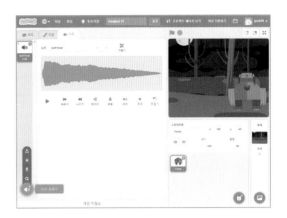

10　다시 **코드** 탭을 클릭하고 **소리**에서 wolf howl ▾ 재생하기 블록을 가져와 다음과 같이 첫 번째 조건 칸에 넣습니다. 이때 'Wolf Howl'을 'Tada'로 바꿔줍니다.

11　캐릭터가 길을 비켜준다고 말하고 사라지도록 **형태**에서 안녕! 을(를) 2 초 동안 말하기 블록을 가져와 '안녕!'을 '정답! 내가 길을 비켜주지'로 바꿉니다. 그리고 숨기기 블록도 가져와 연결합니다. 완성된 스크립트는 **5**에서 만든 스크립트에 이어 붙입니다.

12 시작하기 버튼(🏳)을 누르고 정답인 '부산'을 입력해 보세요. 캐릭터가 길을 비켜준다고 말하고 사라지는 것을 확인할 수 있습니다.

13 그런데 시작하기 버튼(🏳)을 다시 누르면 캐릭터가 등장하지 않습니다. **형태**에서 [보이기] 블록을 가져와 **11**의 [🏳 클릭했을 때] 블록 아래에 연결하여 다시 시작하면 모양이 항상 보이게 만들어줍니다.

```
🏳 클릭했을 때
보이기
  Wolf Howl ▼ 재생하기
  퀴즈를 맞히면 지나갈 수 있지! 을(를) 2 초 동안 말하기
  우리나라 제2의 도시 이름은? 라고 묻고 기다리기
만약  대답 = 부산  (이)라면
    Tada ▼ 재생하기
    정답! 내가 길을 비켜주지 을(를) 2 초 동안 말하기
  숨기기
아니면

```

1 오답이면 소리 재생하기
2 다시 도전해 보라고 말하기

14 오답을 입력하면 소리를 재생하고 다시 도전해 보라고 말하도록 **10**과 **11**을 참고하여 다음과 같이 두 번째 조건 칸에 스크립트를 작성합니다.

> 🏴 클릭했을 때
> 보이기
> Wolf Howl ▾ 재생하기
> 퀴즈를 맞히면 지나갈 수 있지! 을(를) 2 초 동안 말하기
> 우리나라 제2의 도시 이름은? 라고 묻고 기다리기
> 만약 대답 = 부산 (이)라면
> Tada ▾ 재생하기
> 정답! 내가 길을 비켜주지 을(를) 2 초 동안 말하기
> 숨기기
> 아니면
> Bonk ▾ 재생하기
> 땡! 다음에 다시 도전해 봐! 을(를) 2 초 동안 말하기

15 시작하기 버튼(🏴)을 누르고 오답인 '서울'을 입력하면 소리와 함께 다시 도전해 보라고 말하는 것을 확인할 수 있습니다.

검토하기

완성된 스크립트를 검토해 봅시다. http://bit.ly/jpubc06에 접속하면 전체 코드를 볼 수 있습니다. 놓친 부분은 없는지 천천히 살펴보세요.

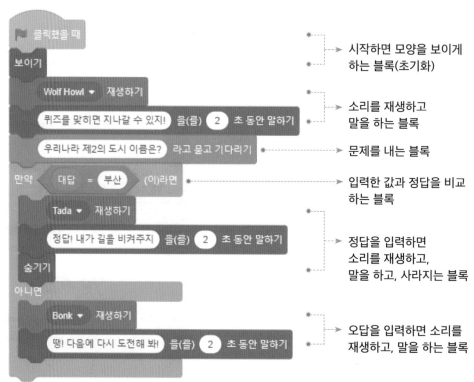

시작하면 모양을 보이게 하는 블록(초기화)

소리를 재생하고 말을 하는 블록

문제를 내는 블록

입력한 값과 정답을 비교하는 블록

정답을 입력하면 소리를 재생하고, 말을 하고, 사라지는 블록

오답을 입력하면 소리를 재생하고, 말을 하는 블록

더 나아가기

❶ 캐릭터가 문제를 더 내도록 해 봅시다.

❷ 문제를 맞힐 때까지 계속 대답을 입력받게 해봅시다.

(힌트: '제어'의 '무한 반복하기' 블록과 '멈추기 모두' 블록을 사용해 보세요.)

7장

고양이
피하기 게임

학습 목표

선택, 반복 개념을 활용하여 고양이를 피하는 게임을
만들어봅시다.

프로그래밍 개념

순차 구조, 반복 구조, 선택 구조

스크래치 기능

움직이기, 이동하기, 방향, 말하기, 모양, 크기,
보이기/숨기기, 멈추기, 감지, 타이머, 난수, 결합하기

난이도

★★☆☆☆

프로젝트 살펴보기

- 마우스를 움직일 때 쥐의 움직임을 살펴봅시다.
- 쥐가 원 밖을 벗어났을 때와 고양이에게 잡혔을 때 어떤 행동을 하는지 살펴봅시다.

프로젝트 미리보기

http://bit.ly/jpubp07

조작 키

마우스

1단계

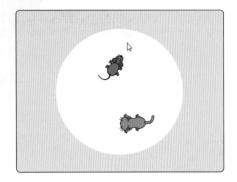

쥐는 마우스를, 고양이는 쥐를 따라 다닙니다.

2단계

원 밖을 벗어나면 쥐가 점점 커집니다.

3단계

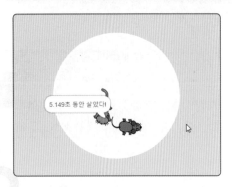

5.149초 동안 살았다!

고양이에게 잡히면 몇 초 동안 살았는지 말하고
게임이 끝납니다.

개념 다지기

다양한 조건 – 어디에 닿았는지 무엇을 눌렀는지 확인해요!

프로그램을 만들 때 스프라이트가 어디에 닿았는지, 마우스나 키보드를 눌렀는지 확인해야 할 때가 있습니다. 예를 들어, 스페이스키를 누르면 미사일이 발사되는 게임을 만들 때, 스페이스 ▼ 키를 눌렀는가? 블록으로 스페이스키를 눌렀는지 확인할 수 있습니다. 그 외에도 스크래치에서는 특정한 색에 닿았는지 마우스를 클릭했는지 등 다양한 조건 블록을 제공하고 있습니다.

새로운 블록 만나기

- 마우스 포인터나 벽, 특정 스프라이트에 닿으면 참이 됩니다.

- 선택한 색에 닿으면 참이 됩니다.

- 첫 번째 색이 두 번째 색에 닿으면 참이 됩니다.

- 선택한 키를 누르면 참이 됩니다.

- 마우스를 클릭하면 참이 됩니다.

예시

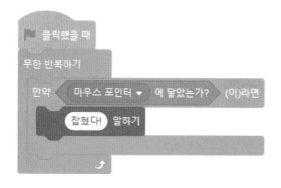

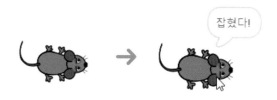

마우스 포인터를 쥐에 가져가면 조건이 참이 되어 그 안에 있는 말하기 블록을 실행합니다.

프로그래밍하기

1 필요한 스프라이트를 추가합니다. 기본 스프라이트인 '스프라이트 1'을 삭제하고, 'Mouse1'과 'Cat 2'를 추가합니다.

💡**팁**

Mouse1과 Cat 2는 '동물'에 있습니다.

2 필요한 배경을 추가합니다. 배경으로는 'Light'를 선택합니다.

💡**팁**

Light는 '패턴'에 있습니다.

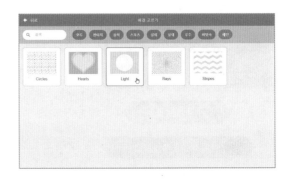

3 다음과 같이 스프라이트의 위치와 크기를 변경합니다.

💡**팁**

자세한 위치와 크기는 스프라이트와 배경 준비하기를 확인합니다.

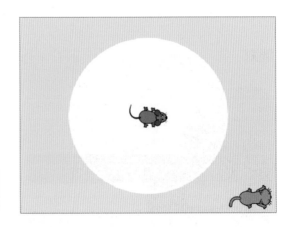

스프라이트와 배경 준비하기

스프라이트와 배경			
이름	Mouse1	cat 2	Light
카테고리	동물		패턴
x	0	200	
y	0	-150	
크기	70	60	

1단계 | 따라다니게 하기 – 쥐는 마우스를, 고양이는 쥐를 따라다닙니다.

1 마우스 포인터 쪽을 바라봅니다.
2 해당 방향으로 움직입니다. ⟶ 반복

1 쥐를 바라봅니다.
2 쥐를 향해 무작위 속도로 이동합니다. ⟶ 반복

4 쥐가 마우스 포인터 쪽을 바라보고 해당 방향으로 움직이는 반복적인 행동을 하게 해봅시다. Mouse1 스프라이트를 클릭하고, 이벤트의 블록과 제어의 무한 반복하기 블록을 연결합니다.

5 쥐가 계속 마우스 포인터를 바라보고 해당 방향으로
이동하도록 **동작**에서  블록과
블록을 가져와 '10'을 '5'로 바꿉니다.

6 시작하기 버튼( )을 누르면 쥐가
마우스 포인터를 따라다닙니다.

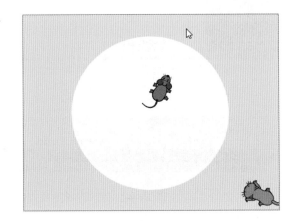

7 다시 한번 시작하기 버튼( )을 눌러도 매번 같은
자리에서 시작하도록 **동작**의 블
록을 가져와 **5**의 블록 아래에 추가합니다.

8 이번에는 고양이가 항상 같은 자리에서 출발해서 쥐를 계속 따라다니게 해봅시다. Cat 2 스프라이트를 선택하고, **7**을 참고하여 다음과 같이 스크립트를 작성합니다. 그러면 고양이는 무대 오른쪽 아래에서 쥐를 계속 바라봅니다.

9 고양이가 쥐를 향해 달려가도록 **동작**에서 `1 초 동안 무작위 위치 ▼ (으)로 이동하기` 블록을 가져와 넣습니다. '무작위 위치'는 'Mouse 1'로 바꿉니다. 시작하기 버튼(▶)을 누르면 고양이가 일정한 속도로 쥐를 향해 달려갑니다.

10 쥐를 향해 달려가는 속도를 빠를 때도 있고 느릴 때도 있게 해봅시다. **연산**에서 `1 부터 10 사이의 난수` 블록을 가져와 다음과 같이 **9**의 '1'초 자리에 넣습니다. 그리고 '1'부터 '10' 사이의 난수를 '0.5'부터 '4' 사이의 난수로 바꿉니다.

💡팁

난수

지정된 범위에서 컴퓨터가 숫자를 무작위로 선택하게 할 때 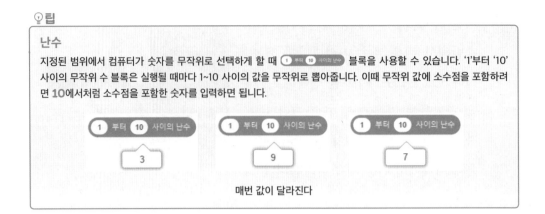 블록을 사용할 수 있습니다. '1'부터 '10'
사이의 무작위 수 블록은 실행될 때마다 1~10 사이의 값을 무작위로 뽑아줍니다. 이때 무작위 값에 소수점을 포함하려
면 10에서처럼 소수점을 포함한 숫자를 입력하면 됩니다.

매번 값이 달라진다

2단계 | 쥐 크기 바꾸기 – 원 밖을 벗어나면 쥐가 점점 커집니다.

1 원 밖을 벗어났는지 판단하기
2 벗어났으면 크기 커지게 하기

11 쥐가 원 밖을 벗어났는지 판단하게 해봅시다. Mouse1 스프라이트를 클릭하고, 이
벤트의 클릭했을때 블록과 제어의 만약 (이)라면 블록을 연결합니다. 조건 영역(●)에
는 감지의 색에 닿았는가? 블록을 넣습니다.

12 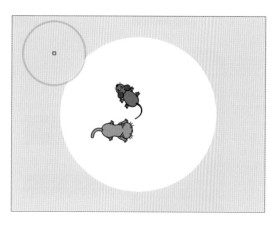 블록에 있는 색상 부분을 클릭해 보세요. 그러면 색상과 채도, 명암을 조절할 수 있는 조절 바와 스포이트가 나타납니다. 여기서는 '스포이트'를 선택하고 실행화면에서 원 밖의 배경색인 '살구색'을 선택합니다.

13 이제 쥐가 흰 원 밖을 벗어나면, 즉 살구색에 닿으면 크기가 커지도록 **형태**에서  블록을 가져와 넣고 '10'을 '1'로 바꿉니다.

14 시작하기 버튼(▶)을 누르고 마우스를 움직여 쥐가 원 밖을 벗어나게 해 봅시다. 쥐의 크기가 왜 커지지 않을까요?

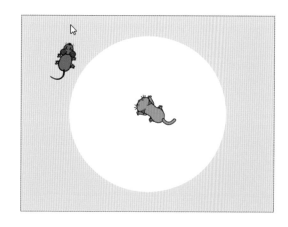

15 컴퓨터 입장에서는 우리가 시작하기 버튼을 눌렀을 때 그 즉시 쥐가 살구색에 닿았는지 확인합니다. 우리가 작성한 스크립트는 딱 한 번만 살구색에 닿았는지 확인하기 때문에 제대로 동작하지 않는 것입니다. 계속 살구색에 닿았는지 확인하도록 **제어**의 `무한 반복하기` 블록을 가져와 `만약 (이)라면` 블록을 감싸줍니다.

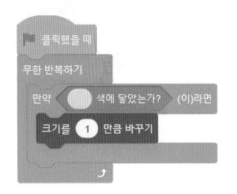

💡**팁**

`무한 반복하기` 블록을 끼워넣으려면 다음 그림처럼 블록을 `색에 닿았는가?` 블록 부분으로 가져가 보세요.

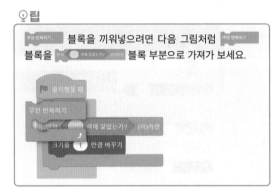

16 다시 한번 프로젝트를 실행하여 쥐가 원 밖을 벗어나게 해봅시다. 쥐의 크기가 커집니다. 하지만 다시 프로젝트를 실행했을 때 쥐의 크기가 커진 상태로 시작됩니다. 시작할 때마다 크기를 원래대로 하려면 **형태**에서 `크기를 100 %로 정하기` 블록을 가져와 **7**의 `클릭했을 때` 블록 바로 아래에 넣고, 처음 크기인 '70'으로 고칩니다.

3단계 | 고양이에 닿으면 게임 끝내기 – 고양이에게 잡히면 몇 초 동안 살았는지 말하고 게임이 끝납니다.

1 쥐가 고양이에 닿았는지 판단하기
2 닿았으면 몇 초 동안 살았는지 말하기
3 모양 숨기기
4 게임 끝내기

17 쥐가 고양이에 닿았는지 확인하기 위해 **15**에서 만든 스크립트에 **제어**의 만약 (이)라면 블록을 가져와 넣고, 조건 부분에 **감지**의 마우스 포인터 ▾ 에 닿았는가? 블록을 넣습니다. 이때 '마우스 포인터'는 'Cat 2'로 바꿉니다.

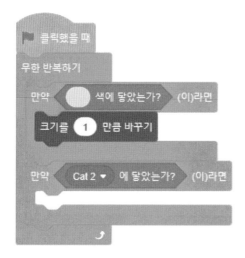

18 고양이에 닿으면 몇 초 동안 살았는지 말하도록 **형태**에서 `안녕! 을(를) 2 초 동안 말하기` 블록을 가져와 넣고, **연산**의 `가위 와(과) 나무 결합하기` 블록을 가져와 '안녕!' 자리에 넣습니다. 그리고 '가위'에 **감지**의 `타이머` 블록을 넣고, '나무'에 '초 동안 살았다!'를 입력합니다.

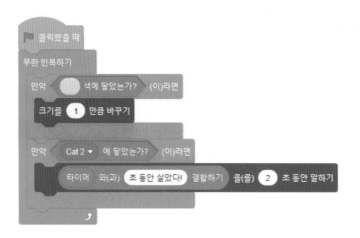

💡**팁**

결합하기
두 개 이상의 문자나 숫자의 값을 연결해서 표현하고 싶을 때 '결합하기' 블록을 사용할 수 있습니다.

타이머
프로젝트가 실행된 이후의 시간을 확인하고 싶을 때는 '타이머' 블록을 사용할 수 있습니다. 프로젝트를 다시 시작하면 타이머는 초기화됩니다. 블록 팔레트에서 타이머 체크박스를 클릭하면 실행화면에 타이머 창이 보이게 할 수 있습니다.

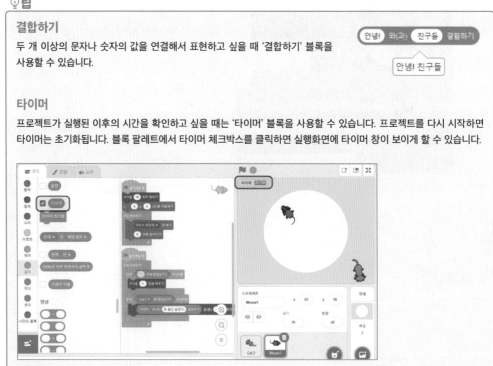

19 프로젝트를 실행해 보세요. 쥐가 고양이에 닿으면 몇 초 동안 살았는지 말하게 됩니다.

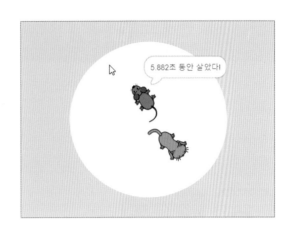

20 이어서 쥐가 모양을 숨기고 게임을 끝내도록 **형태**의 숨기기 블록과 **제어**의 멈추기 모두 ▼ 블록을 연결합니다. 멈추기 블록을 사용하면 실행 중인 스크립트를 멈출 수 있습니다.

21 프로젝트를 여러 번 실행해 보세요. 고양이에 닿아 게임이 끝났을 때 게임을 다시 실행하면 쥐가 보이지 않습니다. **16**의 스크립트에 **형태**의 보이기 블록을 추가해서 게임이 시작될 때마다 쥐가 보이게 해봅시다.

검토하기

완성된 스크립트를 검토해 봅시다. http://bit.ly/jpubc07에 접속하면 전체 코드를 볼 수 있습니다. 놓친 부분은 없는지 천천히 살펴보세요.

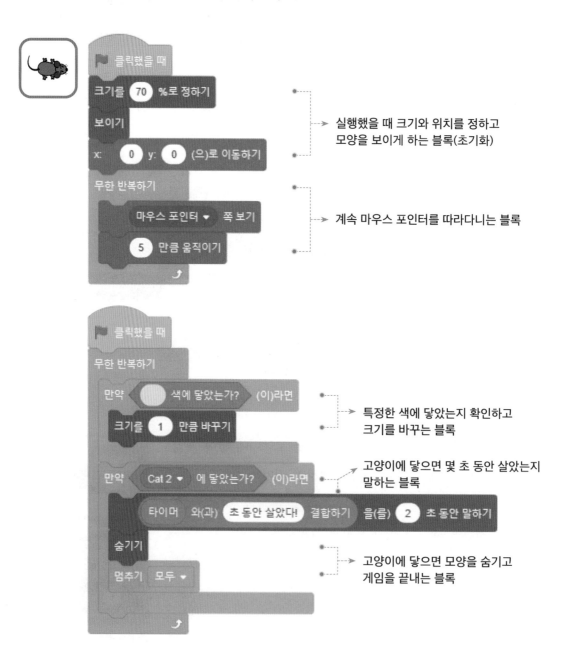

실행했을 때 크기와 위치를 정하고 모양을 보이게 하는 블록(초기화)

계속 마우스 포인터를 따라다니는 블록

특정한 색에 닿았는지 확인하고 크기를 바꾸는 블록

고양이에 닿으면 몇 초 동안 살았는지 말하는 블록

고양이에 닿으면 모양을 숨기고 게임을 끝내는 블록

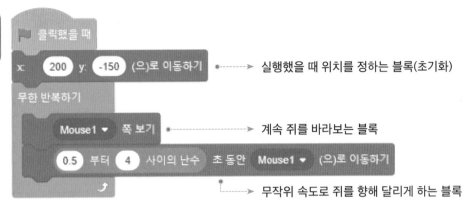

실행했을 때 위치를 정하는 블록(초기화)

계속 쥐를 바라보는 블록

무작위 속도로 쥐를 향해 달리게 하는 블록

더 나아가기

❶ 게임을 시작한 지 10초가 지나면 고양이의 크기가 점점 커지게 해봅시다.

❷ 음식과 관련된 스프라이트를 추가하고 쥐가 음식에 닿으면 3초 동안 사라졌다가 등장하게 해봅시다.

8장

나만의 그림판

학습 목표

신호 개념을 활용하여 그림판을 만들어봅시다.

프로그래밍 개념

순차 구조, 반복 구조, 선택 구조, 신호, 이벤트

스크래치 기능

이동하기, 움직이기, 감지, 펜

난이도

★★☆☆☆

프로젝트 살펴보기

- 마우스를 움직여 연필의 움직임을 살펴봅시다.
- 마우스를 클릭하여 그림을 그려봅시다.
- 오른쪽 하단에 있는 버튼들을 클릭해서 각 버튼이 어떤 기능을 하는지 살펴봅시다.

프로젝트 미리보기

http://bit.ly/jpubp08

조작 키

마우스

1단계

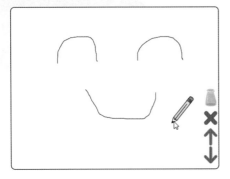

연필은 마우스를 따라다니며, 마우스를 클릭해서 그림을 그릴 수 있습니다.

2단계

버튼을 눌러 연필의 색깔을 바꾸거나, 그린 그림을 지우거나, 연필의 굵기를 바꿀 수 있습니다.

개념 다지기

신호 – 다른 스프라이트에 변화를 줘요!

신호는 자신의 명령어로 다른 스프라이트에 변화를 줄 때 주로 사용합니다. 스크래치에서 신호를 만들면 `메시지1 ▼ 신호 보내기` 블록과 `메시지1 ▼ 신호를 받았을 때` 블록을 사용할 수 있습니다. 한 스프라이트에서 `메시지1 ▼ 신호 보내기` 블록을 사용하여 신호를 보내고, 다른 스프라이트에서는 `메시지1 ▼ 신호를 받았을 때` 블록으로 신호를 받을 때마다 특정한 행동을 실행하도록 할 수 있습니다.

새로운 블록 만나기

`메시지1 ▼ 신호를 받았을 때`

• 신호를 받을 때마다 아래에 연결된 블록들을 실행합니다.

`메시지1 ▼ 신호 보내기`

• 선택된 신호를 보냅니다.

`메시지1 ▼ 신호 보내고 기다리기`

• 선택된 신호를 보내고, 해당 신호를 받으면 실행될 블록들이 모두 실행될 때까지 기다립니다.

예시

`이 스프라이트를 클릭했을 때`
`색깔 변경하기 ▼ 신호 보내기`

`색깔 변경하기 ▼ 신호를 받았을 때`
`색깔 ▼ 효과를 25 만큼 바꾸기`

물약을 클릭하면 '색깔 변경하기' 신호를 보내고, 연필은 '색깔 변경하기' 신호를 받을 때마다 그 아래에 연결된 색깔 바꾸기 블록을 실행하여 연필 색을 바꿉니다.

프로그래밍하기

1 필요한 스프라이트를 추가합니다.
기본 스프라이트인 '스프라이트 1'을
삭제하고, 'Pencil', 'Button5',
'Potion', 'Arrow1'을 추가합니다.
'Arrow1'은 2개를 추가합니다.

💡 **팁**

Pencil, Button5, Arrow1은 '모두'에, Potion은 '판타지'에 있습니다. '모두' 카테고리의 스프라이트는 알파벳 순서로 정렬되어 있으며, Arrow1을 두 개 추가하면 나중에 추가한 Arrow1이 Arrow2로 바뀝니다.

2 'Pencil' 스프라이트를 선택하고 **모양** 탭을 누릅니다. 마우스로 연필 모양 전체를 드래그하여 전체를 선택한 후, 연필을 움직여 연필심 부분이 중심점(⊕)에 오도록 옮깁니다.

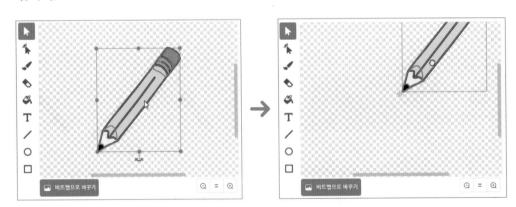

3 'Arrow1'과 'Arrow2'는 **모양** 탭을 눌러 각각 'arrow1-d'와 'arrow1-c'로 바꿔줍니다.

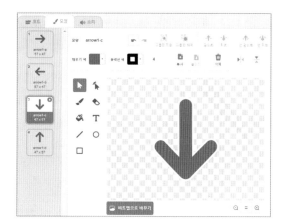

4 그리고 다음과 같이 스프라이트의 위치와 크기를 변경합니다.

> 💡 **팁**
>
> 자세한 위치와 크기는 스프라이트와 배경 준비하기를 확인합니다.

스프라이트와 배경 준비하기

스프라이트와 배경	✏️	↑	↓	✖️	🧪
이름	Pencil	Arrow1	Arrow2	Button5	Potion
카테고리	모두				판타지
x	0	220	220	220	220
y	0	-110	-150	-70	-25
크기	50	70	70	50	100

1단계	연필로 그림 그리기 – 연필이 마우스를 따라다니다가 클릭하면 그림을 그립니다.

1 연필이 마우스 포인터를 따라다닙니다.
2 마우스를 클릭하면 그림을 그립니다. ──→ 반복
3 마우스 클릭을 해제하면 그림 그리기를 멈춥니다.

5 연필이 계속 마우스 포인터를 따라다니게 해봅시다. Pencil 스프라이트를 클릭하고 **이벤트**의 클릭했을 때 블록과 **제어**의 무한 반복하기 블록을 연결합니다. 그 안에는 **동작**의 무작위 위치 ▼ (으)로 이동하기 블록을 넣고 '무작위 위치'를 '마우스 포인터'로 바꿉니다.

```
클릭했을 때
무한 반복하기
    마우스 포인터 ▼ (으)로 이동하기
```

6 마우스를 클릭했을 때와 클릭하지 않았을 때 서로 다른 명령을 실행하도록 **제어**에서 만약 ◆ (이)라면 / 아니면 블록과 **감지**의 마우스를 클릭했는가? 블록을 가져와 연결합니다.

```
클릭했을 때
무한 반복하기
    마우스 포인터 ▼ (으)로 이동하기
    만약 마우스를 클릭했는가? (이)라면

    아니면

```

7 그림 그리기와 관련된 블록은 '확장 기능'의 '펜'에 있습니다. 블록 팔레트 하단의 '확장 기능 추가하기'()를 클릭하고 '펜'을 선택합니다. 그러면 펜과 관련된 블록이 추가됩니다.

8 마우스를 클릭하면 펜을 내려 그림을 그리고, 클릭하지 않으면 펜을 떼서 그림 그리기를 멈추도록 펜에서 펜 내리기 와 펜 올리기 블록을 가져와 다음과 같이 스크립트를 완성합니다.

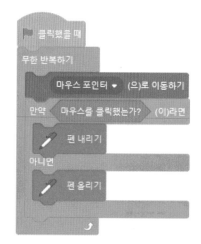

9 시작하기 버튼(🏳)을 눌러 마우스를 움직이거나 클릭해 보세요.

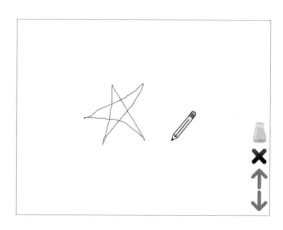

10 다시 시작할 때마다 이전에 그린 그림을 지우고, 펜 굵기를 일정하게 정하도록 **펜**에서 블록, 블록, 블록을 가져와 블록 바로 아래에 추가합니다.

💡**팁**

펜 색깔과 굵기는 여러분이 원하는 대로 값을 설정해 보세요.

2단계 | 그림판 기능 만들기

1 버튼을 눌러 연필의 색깔을 바꾸거나
2 그린 그림을 지우거나
3 연필의 굵기를 바꿀 수 있습니다.

11 물약을 누르면 연필의 색깔을 바꾸게 해봅시다. Potion 스프라이트를 선택하고 이벤트에서 `이 스프라이트를 클릭했을 때` 블록과 `메시지1 ▾ 신호 보내기` 블록을 가져와 연결합니다. 그리고 '메시지1' 드롭다운 버튼을 눌러 '새로운 메시지'를 선택하고 '색 바꾸기' 신호를 만듭니다.

12 이 상태에서는 물약을 클릭해도 아무런 일이 일어나지 않습니다. 신호는 보냈지만 신호를 받은 연필이 어떤 행동을 해야 할지 정하지 않았기 때문입니다. '색 바꾸기' 신호를 받으면 연필의 색이 변하도록 Pencil 스프라이트를 클릭하고 이벤트의 `메시지1 ▾ 신호를 받았을 때` 블록과 펜의 `펜 색깔 ▾ 을(를) 10 만큼 바꾸기` 블록을 가져와 연결합니다.

13 시작하기 버튼(🏴)을 누르고 그림을 그리다가 물약을 클릭해 보세요. 연필의 색깔이 바뀌는 것을 볼 수 있습니다.

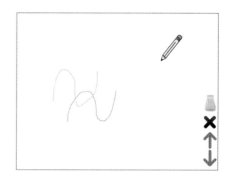

14 나머지 스프라이트도 클릭하면 연필의 굵기를 바꾸거나 그려진 그림을 모두 지우도록 신호를 보내 봅시다. **11**을 참고하여 다음과 같이 각 스프라이트의 스크립트를 작성합니다.

15 각 신호를 받았을 때 연필 굵기를 바꾸고, 그림을 지우게 해봅시다. Pencil 스프라이트를 누르고 **12**를 참고하여 다음과 같이 스크립트를 작성합니다.

16 시작하기 버튼(🏳)을 누르고 그림을 그려봅시다. 각 버튼을 눌러서 연필의 굵기와 색상을 바꿔보고, 그린 그림을 지워봅시다.

검토하기

완성된 스크립트를 검토해 봅시다. http://bit.ly/jpubc08에 접속하면 전체 코드를 볼 수 있습니다. 놓친 부분은 없는지 천천히 살펴보세요.

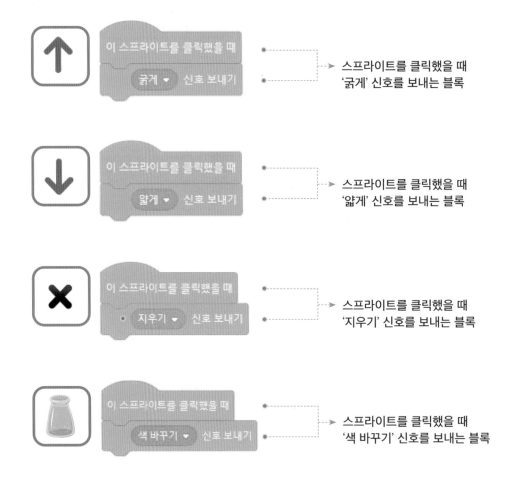

스프라이트를 클릭했을 때
'굵게' 신호를 보내는 블록

스프라이트를 클릭했을 때
'얇게' 신호를 보내는 블록

스프라이트를 클릭했을 때
'지우기' 신호를 보내는 블록

스프라이트를 클릭했을 때
'색 바꾸기' 신호를 보내는 블록

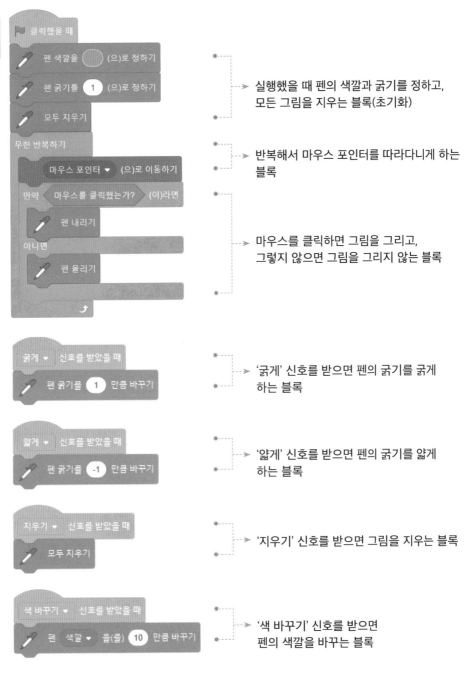

실행했을 때 펜의 색깔과 굵기를 정하고,
모든 그림을 지우는 블록(초기화)

반복해서 마우스 포인터를 따라다니게 하는
블록

마우스를 클릭하면 그림을 그리고,
그렇지 않으면 그림을 그리지 않는 블록

'굵게' 신호를 받으면 펜의 굵기를 굵게
하는 블록

'얇게' 신호를 받으면 펜의 굵기를 얇게
하는 블록

'지우기' 신호를 받으면 그림을 지우는 블록

'색 바꾸기' 신호를 받으면
펜의 색깔을 바꾸는 블록

더 나아가기

❶ Button4 스프라이트를 추가하여 이 버튼을 누르면 펜의 색깔이 원래대로 돌아가게 해봅시다.

❷ Arrow를 클릭하면 붓의 투명도가 바뀌게 해봅시다. Arrow1을 클릭하면 펜의 투명도가 진해지고 Arrow2를 클릭하면 투명도가 옅어지게 해보세요.

9장

선물 찾기 게임

학습 목표

변수 개념을 활용하여 선물을 찾아 점수를 얻는 게임을 만들어봅시다.

프로그래밍 개념

순차 구조, 반복 구조, 변수, 이벤트

스크래치 기능

이동하기, 말하기, 모양, 크기, 보이기/숨기기, 소리, 기다리기, 결합하기, 멈추기, 타이머

난이도

★★☆☆☆

- 마우스로 빨간색 선물상자와 파란색 선물상자를 각각 클릭해 봅시다.
- 각 상자를 클릭할 때 점수에 어떤 변화가 생기는지 살펴봅시다.
- 15초 동안 게임을 해봅시다. 15초 후에는 어떤 변화가 있는지 살펴봅시다.

프로젝트 미리보기

http://bit.ly/jpubp09

조작 키

마우스

1단계

선물상자는 무작위 위치에 계속 등장합니다.

2단계

빨간색 선물상자를 클릭하면 점수가 1씩 올라가고, 파란색 선물상자를 클릭하면 점수가 0이 됩니다.

3단계

15초가 지나면 점수를 말하고 게임이 끝납니다.

개념 다지기

변수 - 정보를 저장하고 사용해요!

게임에는 점수, 아이템 이름처럼 숫자, 문자 정보가 저장되어 화면에 나타납니다. 이런 정보를 저장하고 사용하려면 변수를 만들어야 합니다. **변수**는 컴퓨터에서 문자, 숫자와 같은 정보를 담는 그릇입니다. 변수에는 하나의 값만 넣을 수 있고, 변수에 들어 있는 값을 바꾸거나 불러와서 사용할 수 있습니다. 아래와 같은 블록을 활용하면 게임에서 점수 같은 기능을 만들 수 있습니다.

새로운 블록 만나기

변수 ▼ 을(를) 0 로 정하기	선택한 변수의 값을 입력한 값으로 정합니다.
변수 ▼ 을(를) 1 만큼 바꾸기	선택한 변수의 값을 입력한 값만큼 더합니다.
변수 ▼ 변수 보이기	
변수 ▼ 변수 숨기기	선택한 변수의 창을 보이거나 숨깁니다.
변수	선택한 변수의 값을 나타냅니다.

예제

마우스로 선물상자를 클릭하면 점수 변수가 0에서 1이 됩니다.
여러 번 클릭하면 클릭한 횟수만큼 점수가 늘어납니다.

점수 변수 값을 100으로 정했으므로 '100점!'이라 말합니다.

프로그래밍하기

1. 기본 스프라이트인 '스프라이트 1'을 삭제하고, 'Gift'를 2개 추가합니다. Gift를 두 개 추가하면 나중에 추가한 Gift가 Gift2로 바뀝니다.

   💡 팁

   > Gift는 '모두'에 있습니다.

2. Gift2 스프라이트를 선택하고 **모양** 탭을 눌러 모양을 'gift-b'로 바꿉니다.

3. 배경으로는 'Bedroom 3'을 선택합니다.

4 다음과 같이 스프라이트의 위치와
크기를 변경합니다.

💡**팁**

> 자세한 위치와 크기는 스프라이트와 배경 준비하
> 기를 확인합니다.

스프라이트와 배경 준비하기

스프라이트와 배경			
이름	Gift	Gift2	Bedroom 3
카테고리	모두		실내
x	0	100	
y	0	100	
크기	100	100	

1단계 | 무작위 위치에 등장하기

선물상자가 무작위 위치에 계속 등장합니다.

5 빨간 선물상자가 계속 무작위 위치에 등장하게 해봅시다. Gift 스프라이트를 클릭하고 **이벤트**의 블록과 **제어**의 블록을 가져와 연결합니다. 그 안에는 **동작**의 블록을 넣습니다.

6 시작하기 버튼(🏳)을 눌러보세요. 선물상자가 너무 빠르게 움직입니다. **제어**에서 블록을 추가하여 천천히 움직이게 합니다.

7 파란 선물상자도 무작위 위치에 계속 등장하도록 Gift2 스프라이트를 클릭하고 **6**과 똑같이 스크립트를 작성합니다. 시작하기 버튼(🏳)을 누르면 두 선물상자가 무작위 위치에 등장하는 것을 볼 수 있습니다.

2단계

선물상자를 클릭하면 점수 변경하기
– 빨간색 선물상자를 클릭하면 점수가 1씩 올라가고,
파란색 선물상자를 클릭하면 점수가 0이 됩니다.

1 클릭하면 소리내기
2 크기 작게 하기
3 점수 1만큼 더하기

1 클릭하면 소리내기
2 크기 작게 하기
3 점수 0으로 정하기

8 먼저, 빨간색 선물상자를 클릭하면
소리가 나게 해봅시다. Gift 스프라
이트와 **소리** 탭을 차례대로 클릭하
고, 소리 고르기( )를 눌러 'Zoop'
소리를 추가합니다.

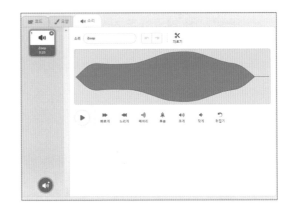

💡**팁**

> Zoop 소리는 '효과'에 있습니다.

9 **이벤트**에서 블록을
가져와 **소리**의 블록을
연결하고 'Zoop'으로 바꿉니다.

💡**팁**

> 기본 블록의 이름이 책과 달리 영어로 보인다면,
> 로그인한 후 다시 확인해 보세요.

10 이번에는 상자를 클릭하면 크기가 작아져서 점점 점수를 획득하기 어렵게 해봅시다. **형태**의  블록을 가져와 연결하고, '10'을 '-3'으로 바꿉니다.

11 이제 클릭할 때마다 점수가 1씩 늘어나게 해봅시다. 먼저, 변수를 만들어봅시다. **변수 - 변수 만들기**를 클릭하고, 새로운 변수 이름으로 '점수'를 입력합니다. '점수'라는 변수가 생겼습니다. 무대에도 '점수' 변수의 값이 나타납니다.

12 계속해서, **변수**에서 나의 변수 ▼ 을(를) 1 만큼 바꾸기 블록을 가져와 연결하고 '나의 변수'를 '점수'로 바꿉니다.

13 시작하기 버튼(▶)을 눌러보세요. 빨간
색 선물상자를 클릭하면, 소리가 나고
크기가 작아집니다. 또 점수가 1씩 올라
갑니다.

14 게임을 다시 실행해 보면 선물상자의 크
기는 작아져 있고, 점수도 0이 아니라 이
전 점수가 남아있습니다. 점수와 크기가
초기화되도록 **6**에서 만든 스크립트에
변수의 [점수 ▼ 을(를) 0 로 정하기] 블록과 **형
태**의 [크기를 100 %로 정하기] 블록을 추가합니다.

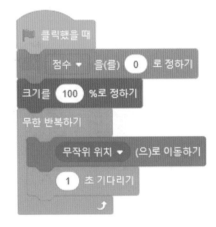

15 파란색 선물상자는 클릭하면 'Bonk' 소리를 내고, 점수를 0으로 만들도록 **8~12**를
참고하여 다음과 같이 스크립트를 작성합니다.

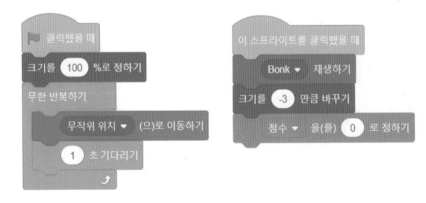

1 15초가 지나면 점수를 말합니다.
2 모양을 숨깁니다.
3 모든 코드를 멈춥니다.

1 15초가 지나면 모양을 숨깁니다.

16 Gift 스프라이트를 클릭하고 15초가 지났는지 확인하기 위해 **이벤트**에서  블록을 가져와 '음량'을 '타이머'로 바꾸고, '10'을 '15'초로 바꿉니다.

17 이제 점수를 말하도록 **형태**의 `안녕! 을(를) 2 초 동안 말하기` 블록을 연결하고, **연산**에서 `가위 와(과) 나무 결합하기` 블록을 가져와 '안녕!'에 넣습니다. 그리고 '가위'에는 '점수' 변수를, '나무'에는 '점!'을 넣습니다.

18 이어서 모양을 숨기고, 모든 스크립트를 멈추도록 **형태**의  블록과 **제어**의  블록을 가져와 연결합니다.

19 시작하기 버튼(▶)을 눌러 게임을 해보세요. 15초가 지나면 게임이 끝나고 점수를 말해 줍니다.

20 그런데 게임을 다시 시작하려고 하면 선물상자가 보이지 않습니다. 선물상자가 보이도록 **형태**에서  블록을 가져와 **14**에서 만든 스크립트에 추가합니다.

21 파란 선물상자도 마찬가지로 다시 시작할 때 모양을 보이고 15초가 지나면 보이지 않도록 **15**에서 만든 스크립트를 다음과 같이 수정합니다.

검토하기

완성된 스크립트를 검토해 봅시다. http://bit.ly/jpubc09에 접속하면 전체 코드를 볼 수 있습니다. 놓친 부분은 없는지 천천히 살펴보세요.

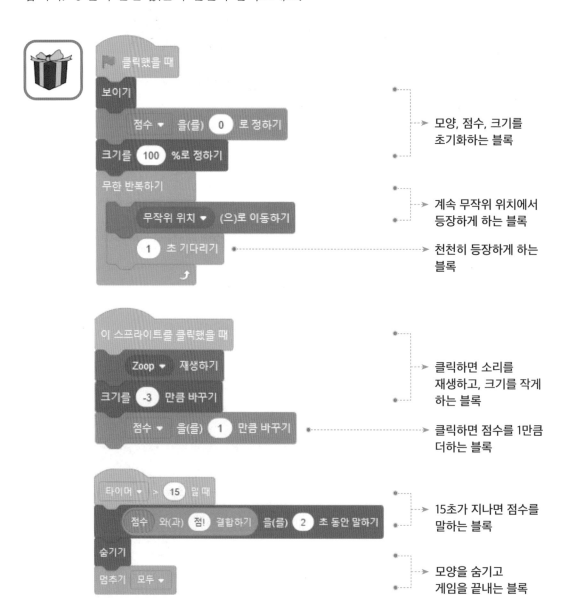

모양, 점수, 크기를 초기화하는 블록

계속 무작위 위치에서 등장하게 하는 블록

천천히 등장하게 하는 블록

클릭하면 소리를 재생하고, 크기를 작게 하는 블록

클릭하면 점수를 1만큼 더하는 블록

15초가 지나면 점수를 말하는 블록

모양을 숨기고 게임을 끝내는 블록

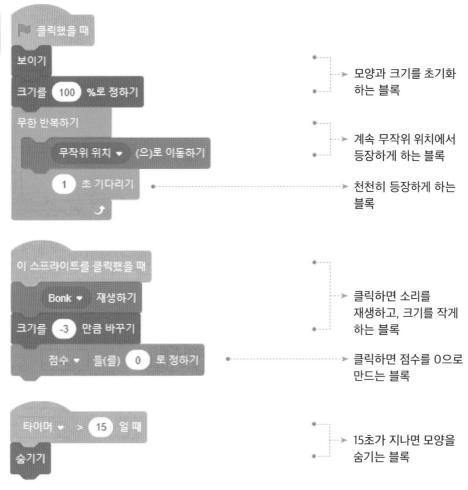

모양과 크기를 초기화
하는 블록

계속 무작위 위치에서
등장하게 하는 블록

천천히 등장하게 하는
블록

클릭하면 소리를
재생하고, 크기를 작게
하는 블록

클릭하면 점수를 0으로
만드는 블록

15초가 지나면 모양을
숨기는 블록

더 나아가기

1. Crystal 스프라이트를 추가하여 10초마다 무작위 위치에 나타나게 하고, 스프라이트를 클릭하면 점수가 10씩 오르게 해봅시다.

2. 게임이 끝나면 'jupb 3점!'과 같이 사용자 이름과 함께 점수를 말하게 해봅시다.

   (힌트: '감지'의 '사용자 이름' 블록을 사용해 보세요.)

10장

승부차기 게임

학습 목표

논리 연산 개념을 활용하여 스페이스키를 눌러 골을 넣는 게임을 만들어봅시다.

프로그래밍 개념

순차 구조, 반복 구조, 선택 구조, 신호, 이벤트, 변수, 비교 연산, 논리 연산

스크래치 기능

움직이기, 이동하기, 방향, 튕기기, 말하기, 감지, 난수

난이도

 ★★★☆☆

프로젝트 살펴보기

- 스페이스를 눌러 슛을 해봅시다.
- 골키퍼에 닿았을 때와 닿지 않았을 때 축구공의 위치가 어떻게 바뀌는지 살펴봅시다.
- 슛을 할 때마다 '기회'와 '골' 변수가 어떻게 변하는지 살펴봅시다.
- 기회를 다 쓴 다음 슛을 하면 어떻게 되는지 살펴봅시다.

프로젝트 미리보기

 http://bit.ly/jpubp10

조작 키

 키보드

1단계

다섯 번의 슛 기회가 주어지고, 골키퍼는 골대를 계속 왔다 갔다 합니다.

2단계

스페이스를 누르면 공이 무작위 방향으로 날아가고, 기회가 1씩 줄어듭니다.

3단계

골대에 들어가면 '골'이라 말하고 '골' 점수가 1씩 늘어납니다. 골이 들어가지 않으면 '노골'이라 말합니다.

4단계

기회가 0이 되면 슛을 할 수 없게 합니다.

개념 다지기

논리 연산 – 다양한 조건을 만들어요!

조건을 모두 만족하거나 조건 중 하나의 조건만이라도 만족했을 때처럼 정교한 조건을 만들기 위해서는 논리 연산 블록이 필요합니다. 예를 들어, 승부차기 게임에서는 공이 골키퍼에 막히거나 골대를 벗어나면 노골이 됩니다. 이런 행동을 단순한 조건 블록 여러 개로 표현할 수도 있지만, 논리 연산 블록을 활용하면 훨씬 간단하게 만들 수 있습니다.

새로운 블록 만나기

- 왼쪽과 오른쪽 조건이 모두 참일 때만 참을 나타냅니다.

- 왼쪽과 오른쪽 조건 중 하나라도 참이면 참을 나타냅니다.

- 조건을 반대로 나타냅니다. 만약 조건이 참이면 거짓을, 거짓이면 참을 나타냅니다.

예제

논리 연산을 사용하지 않은 스크립트

두 스크립트는 모두 마우스 포인터나 벽 중 하나라도 닿으면 '노골!'이라 말합니다. 이처럼 논리 연산 블록을 활용하면 스크립트를 더욱 간단하게 만들 수 있습니다.

논리 연산을 사용한 스크립트

프로그래밍하기

1 기본 스프라이트인 '스프라이트 1'을 삭제하고, 'Ben'과 'Soccer Ball'을 추가합니다.

💡**팁**

> Ben은 '사람들'에, Soccer Ball은 '스포츠'에 있습니다.

2 Ben 스프라이트를 클릭하고 **모양** 탭을 눌러 골을 막는 모양인 'ben-c'로 바꿔줍니다.

3 배경으로는 'Soccer'를 선택합니다.

💡**팁**

> Soccer는 '스포츠'에 있습니다.

4 다음과 같이 스프라이트의 위치와 크기를 변경합니다.

💡**팁**

자세한 위치와 크기는 스프라이트와 배경 준비하기를 확인합니다.

스프라이트와 배경 준비하기

스프라이트와 배경		⚽	
이름	Ben	Soccer Ball	Soccer
카테고리	사람들	스포츠	스포츠
x	0	0	
y	40	-150	
크기	100	100	

1단계 | **골키퍼 움직이기 – 다섯 번의 슛 기회가 주어지고,
골키퍼는 골대를 왔다 갔다 합니다.**

1 '골' 변수를 '0'으로, '기회' 변수를 '5'로 정합니다.
2 좌우로 움직입니다.
3 벽에 닿으면 튕깁니다.

 ➤ 반복

5 게임이 시작되면 골은 '0'으로, 기회는 '5'로 시작하게 해봅시다. **변수 - 변수 만들기**를 클릭하여 '골'과 '기회' 변수를 만듭니다.

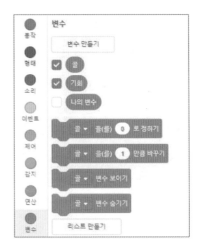

6 Ben 스프라이트를 클릭하고, **이벤트**의 블록과 **변수**의 블록을 2개 가져와 연결하고 다음과 같이 값을 바꿉니다.

7 골키퍼가 골대를 좌우로 왔다 갔다 하기 위해 **제어**에서 블록을 연결하고, 그 안에는 **동작**의 블록과 블록을 넣습니다.

8 시작하기 버튼(🏴)을 눌러 게임을
   실행해 봅시다. 골키퍼가 벽에 닿으
   면 거꾸로 뒤집힙니다. 뒤집히지 않
   도록 회전 방식을 변경해 봅시다. 스
   프라이트 영역에서 방향을 클릭하고
   회전 방식을 왼쪽/오른쪽(▶◀)회전
   으로 바꿉니다.

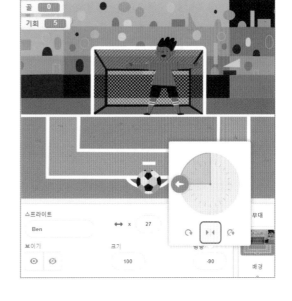

💡팁

회전 방식을 왼쪽-오른쪽 ▼ (으)로 정하기 블록으로도 회전 방식
을 정할 수 있습니다.

2단계 공 움직이기 - 스페이스를 누르면 공이 무작위 방향으로
        날아가고, 기회가 1씩 줄어듭니다.

1 스페이스를 누르면 기회 1만큼 줄이기
2 원래 공 위치로 이동하기
3 날아가는 방향 무작위로 정하기
4 벽, 골대 안, 골키퍼에 닿을 때까지 움직이기

9 먼저, 스페이스를 누르면 기회가 1씩 줄어들게 해봅시다. Soccer Ball 스프라이트를
   클릭하고, **이벤트**의 스페이스 ▼ 키를 눌렀을 때 블록과 **변수**의 나의 변수 ▼ 을(를) 1 만큼 바꾸기 블록
   을 연결합니다. '1'은 '-1'로 바꿉니다.

10 슛을 하기 전에 공의 위치를 원래 위치로 이
동시키도록 **동작**에서
블록을 연결합니다.

11 공이 날아갈 방향을 무작위로 정하도록 **동
작**의 ⟨90 도 방향 보기⟩ 블록을 연결하고 '90'에
연산의 ⟨1 부터 10 사이의 난수⟩ 블록을 가져와
넣습니다. '1'과 '10'은 각각 '-60'과 '60'으로
바꿉니다.

💡**팁**

-60~60의 값은 아래 각도 사이를 의미합니다. 이렇게 하
면 무대에서 공이 날아가는 방향을 제한할 수 있습니다.

12 이제 선택된 방향으로 공이 날아가게 해봅시다. 공이 조금씩 반복해서 날아가도록
제어에서 ⟨까지 반복하기⟩를 가져와 넣고, 그 안에는 **동작**의 ⟨10 만큼 움직이기⟩ 블록을
넣습니다.

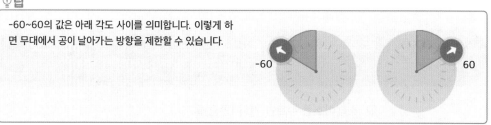

13 공이 날아가다가 골키퍼에 닿거나, 벽에 닿거나, 골대 안에 닿으면 멈춰야 합니다. 이렇게 동작하도록 조건을 만들어봅시다. 먼저, **연산**의 ⬡또는⬡ 블록을 2개 가져와 합칩니다. 그리고 각 조건 영역에는 **감지**의 ⬡마우스포인터▾에 닿았는가?⬡ 블록 2개와 ⬡●색에 닿았는가?⬡ 블록을 가져와 넣고, 각각 'Ben', '벽', '검정색'으로 바꿉니다.

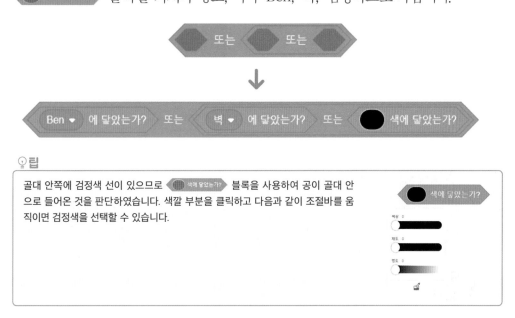

> **♀팁**
>
> 골대 안쪽에 검정색 선이 있으므로 ⬡●색에 닿았는가?⬡ 블록을 사용하여 공이 골대 안으로 들어온 것을 판단하였습니다. 색깔 부분을 클릭하고 다음과 같이 조절바를 움직이면 검정색을 선택할 수 있습니다.

14 완성된 블록은 **12**의 ▮●까지 반복하기▮ 블록의 조건 영역에 넣습니다. 조건을 만족할 때까지 반복하는 블록을 사용했으므로 세 가지 상황 중 하나만 일어나도 공이 움직이는 것을 멈추게 됩니다.

15 시작하기 버튼(▶)을 누르고 스페이스를 누르면 기회가 1씩 줄어들고, 공이 골키퍼나 골대 안, 벽에 닿을 때까지 무작위 방향으로 날아가는 것을 확인할 수 있습니다.

3단계 | 골 판단하기 – 골대에 들어가면 '골'이라 말하며 '골' 변수가 1씩 늘어나고, 골대에 들어가지 않으면 '노골'이라 말합니다.

1 골키퍼나 벽에 닿으면 '노골'이라 말하고 원래 위치로 이동합니다.
2 골대 안에 닿으면 '골' 변수에 '1'을 더하고, '골'이라고 말한 뒤 원래 위치로 이동합니다.

16 공이 어딘가에 닿았을 때 골인지 아닌지 판단하게 해봅시다. 먼저 **14**의 스크립트에 이벤트의 [메시지1 ▼ 신호 보내기] 블록을 연결합니다. '메시지1'을 눌러 '새로운 메시지'를 클릭하고 메시지 이름으로 '판단하기'를 입력합니다.

```
스페이스 ▼ 키를 눌렀을 때

기회 ▼ 을(를) -1 만큼 바꾸기

x: 0 y: -150 (으)로 이동하기

-60 부터 60 사이의 난수 도 방향 보기

Ben ▼ 에 닿았는가? 또는 벽 ▼ 에 닿았는가? 또는 ● 색에 닿았는가? 까지 반복하기
    10 만큼 움직이기

판단하기 ▼ 신호 보내기
```

17 공이 골키퍼나 벽에 닿으면 '노골'이고 골대 안에 닿으면 '골'입니다. '판단하기' 신호를 받았을 때 이 두 상황(조건)에 따라 다른 행동을 하게 해봅시다. **이벤트**에서 판단하기 ▼ 신호를 받았을 때 블록을 가져오고, 그 아래에 **제어**의 만약 (이)라면 블록 2개를 연결하여 다음과 같이 스크립트를 작성합니다.

18 골키퍼나 벽에 닿았는지 판단하려면 **연산**에서 또는 블록을 가져와 첫 번째 '만약' 블록의 조건 영역에 넣고 **감지**에서 마우스 포인터 ▼ 에 닿았는가? 블록 2개를 가져와 각 조건 칸에 넣은 뒤, 값을 'Ben'과 '벽'으로 바꿉니다. 두 번째 조건 영역도 **13**을 참고하여 검정색에 닿았는지 판단하게 합니다.

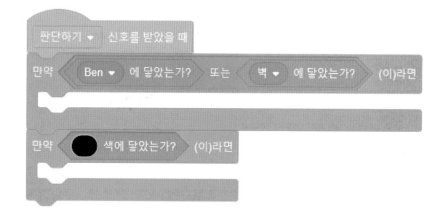

19 골키퍼나 벽에 닿았을 때는 '노골'을 말한 후 원래 위치로 이동하고, 골대 안에 닿았을 때는 '골' 변수에 1을 더하고 골을 말한 후 원래 위치로 이동하도록 다음과 같이 스크립트를 작성합니다.

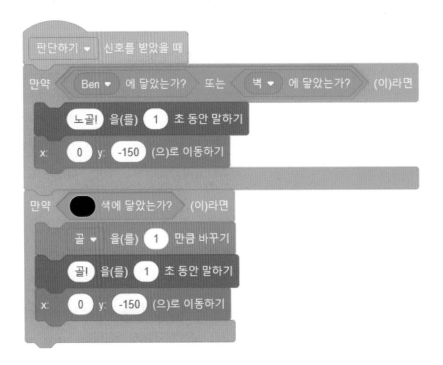

20 시작하기 버튼(🏳)을 누르고 스페이스를 눌러봅시다. 잘 동작하는 것 같지만 문제가 하나 있습니다. 다섯 번의 기회를 다 써도 계속 슛을 할 수 있습니다.

기회가 '0'이 되면 슛을 할 수 없습니다.

21 기회가 0 이하이면 슛을 할 수 없게 해봅시다. **제어**에서 ![만약 (이)라면 아니면] 블록을 가져 오고, 조건 영역에는 **연산**의 ![○ > 50] 블록을 넣습니다. 첫 번째 칸에는 **변수**의 ![기회] 값을, 두 번째 칸에는 '0'을 입력합니다.

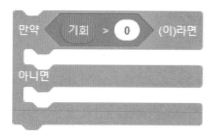

22 기회가 0 이하이면 기회를 모두 사용했기 때문에 슛을 할 수 없다고 말하도록 **형태**에서 ![안녕! 을(를) 2 초 동안 말하기] 블록을 가져와 '아니면' 칸에 넣고 '안녕'을 '모든 기회를 사용했습니다!'로 바꿉니다.

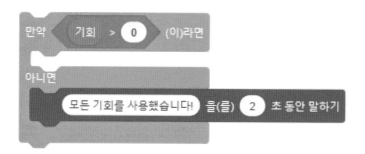

23 기회가 0보다 클 때만 슛을 할 수 있도록 **22**에서 만든 스트립트를 **16**의

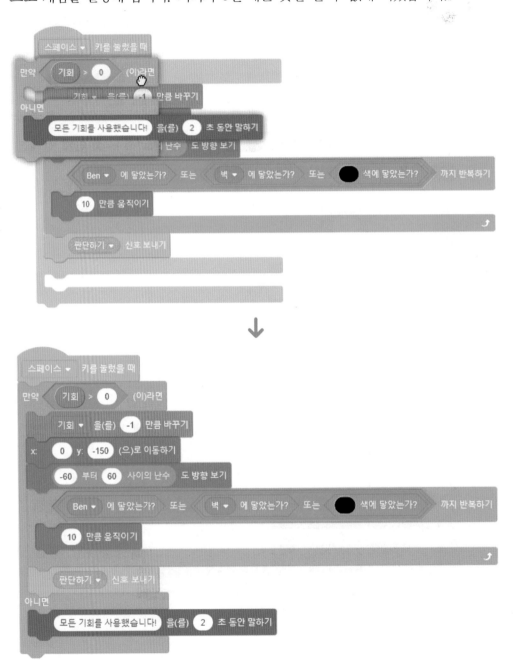 블록 위로 가져가 감쌉니다. 이제 시작하기 버튼(▶)을 누

르고 게임을 실행해 봅시다. 기회가 0일 때는 슛을 할 수 없게 되었습니다.

검토하기

완성된 스크립트를 검토해 봅시다. http://bit.ly/jpubc10에 접속하면 전체 코드를 볼 수 있습니다. 놓친 부분은 없는지 천천히 살펴보세요.

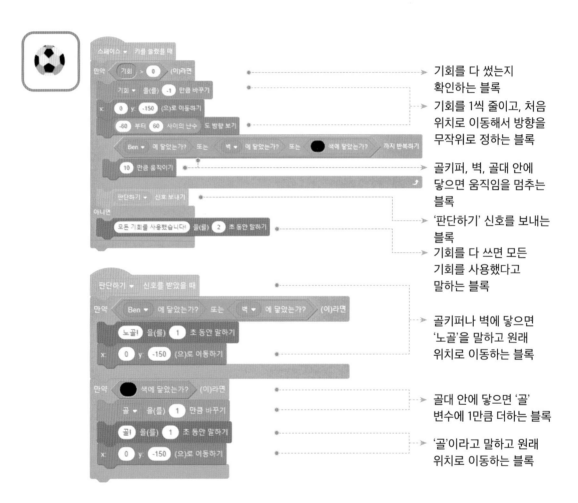

기회를 다 썼는지 확인하는 블록

기회를 1씩 줄이고, 처음 위치로 이동해서 방향을 무작위로 정하는 블록

골키퍼, 벽, 골대 안에 닿으면 움직임을 멈추는 블록

'판단하기' 신호를 보내는 블록

기회를 다 쓰면 모든 기회를 사용했다고 말하는 블록

골키퍼나 벽에 닿으면 '노골'을 말하고 원래 위치로 이동하는 블록

골대 안에 닿으면 '골' 변수에 1만큼 더하는 블록

'골'이라고 말하고 원래 위치로 이동하는 블록

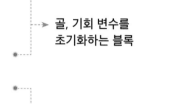

골, 기회 변수를
초기화하는 블록

계속 옆으로 움직이며
벽에 닿으면 튕기는 블록

더 나아가기

❶ a와 d 키를 동시에 누르면 기회가 다시 5가 되도록 해봅시다.
(힌트: '연산'의 '그리고' 블록을 이용해 보세요.)

❷ 골을 넣을 때마다 공이 점점 커지게 해봅시다.

11장

할 일 관리 프로그램

학습 목표

리스트 개념으로 할 일을 추가하고 확인할 수 있는
할 일 관리 프로그램을 만들어봅시다.

프로그래밍 개념

순차 구조, 반복 구조, 신호, 이벤트, 변수, 리스트

스크래치 기능

말하기, 묻고 기다리기

난이도

- '할 일 추가'를 눌러 할 일을 추가해 봅시다.
- '할 일 삭제'를 눌러 할 일을 삭제해 봅시다.
- '할 일 보기'를 누르면 캐릭터가 어떻게 말하는지 살펴봅시다.

프로젝트 미리보기

http://bit.ly/jpubp11

조작 키

마우스와 키보드

1단계

'할 일 추가'를 누르면 할 일을 입력할 수 있습니다.

2단계

'할 일 삭제'를 누르면 할 일을 삭제할 수 있습니다.

3단계

'할 일 보기'를 누르면 할 일을 순서대로 말합니다.

개념 다지기

리스트 – 여러 개의 값을 저장해요!

앞에서 정보를 저장하고 사용하기 위해서 '변수'를 만들었습니다. 만약에 300명의 평균 나이를 구하는 프로그램을 만들어야 한다면 300개의 변수를 만들어야 합니다. 더구나 300개의 변수에 하나씩 값을 저장하려면 시간이 많이 걸립니다. 이럴 때 사용하는 것이 바로 '리스트'입니다. **리스트**는 여러 가지 자료를 모아놓은 것을 말합니다. 리스트는 하나의 이름 안에 여러 정보를 항목의 번호로 나타냅니다.

변수	리스트
하나의 이름에 하나의 값만 들어갑니다.	하나의 이름에 여러 개의 값이 들어갑니다.

리스트를 하나 만들면 그 아래에 여러 정보를 저장하고 사용할 수 있어 많은 양의 정보를 다룰 때 효과적입니다.

새로운 블록 만나기

항목 을(를) 리스트 ▾ 에 추가하기	입력한 항목을 선택한 리스트의 마지막 위치에 추가합니다.
1 번째 항목을 리스트 ▾ 에서 삭제하기	선택한 리스트에서 입력한 값의 위치에 있는 항목을 삭제합니다.
리스트 ▾ 의 항목을 모두 삭제하기	리스트 항목을 모두 삭제합니다.
1 을(를) 리스트 ▾ 리스트의 1 번째에 넣기	입력한 항목을 선택한 리스트의 특정 위치에 추가합니다.
리스트 ▾ 리스트의 1 번째 항목을 1 으로 바꾸기	선택한 리스트에서 특정 위치에 있는 항목을 입력한 값으로 바꿉니다.
리스트 ▾ 리스트의 1 번째 항목	선택한 리스트의 항목 번호에 해당하는 값을 나타냅니다.
리스트 ▾ 리스트에서 항목 항목의 위치	선택한 리스트에서 입력한 항목의 위치를 나타냅니다.
리스트 ▾ 의 길이	선택한 리스트가 가지고 있는 항목 개수를 나타냅니다.
리스트 ▾ 이(가) 항목 을(를) 포함하는가?	선택한 리스트가 입력한 항목을 가지고 있으면 '참'을, 아니면 '거짓'을 나타냅니다.
리스트 ▾ 리스트 보이기	실행화면에 리스트를 보이거나 숨깁니다.
리스트 ▾ 리스트 숨기기	

예제

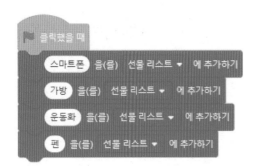

선물 리스트에 네 가지 항목이 순서대로 추가되었습니다. 그림처럼 항목 번호와 각 항목 번호에 해당하는 값이 나타납니다.

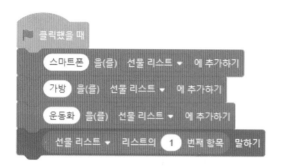

선물 리스트에 세 가지 항목이 추가되고, 리스트의 첫 번째 항목인 스마트폰을 말합니다.

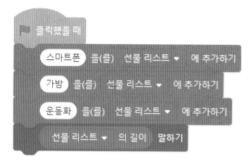

선물 리스트의 길이인 '3'을 말합니다.

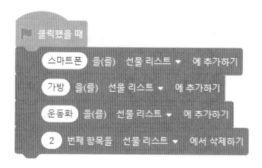

선물 리스트에 세 가지 항목이 순서대로 추가되었다가 두 번째 항목인 '가방'이 삭제되었습니다.

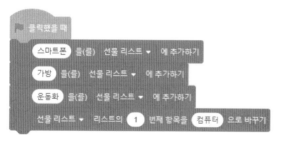

'스마트폰'이었던 첫 번째 항목이 '컴퓨터'로 바뀌었습니다.

프로그래밍하기

1   기본 스프라이트인 '스프라이트 1'을 삭제하고, 'Dani'를 추가합니다.

💡**팁**
Dani는 '사람들'에 있습니다.

2   Dani의 **모양** 탭을 눌러 모양을 'Dani-b'로 바꿔줍니다.

3   배경으로는 'Bedroom 1'을 선택합니다.

💡**팁**
Bedroom 1은 '실내'에 있습니다.

4 프로젝트에 필요한 버튼을 직접 그
려봅시다. 스프라이트 고르기(🐱)에
마우스 포인터를 올리면 여러 메뉴
가 나타납니다. '그리기'(🖊)를 클릭
합니다.

💡팁

그리기 화면

❶ 모양: 모양 이름을 정할 수 있습니다.
❷ 이전 작업 & 다음 작업: 작업을 바로 이전이나 이
   후로 되돌릴 수 있습니다.
❸ 그룹화: 여러 개의 그림을 그룹으로 만들거나 그룹
   을 해제할 수 있습니다.
❹ 앞으로/뒤로: 선택한 그림을 앞이나 뒤로 배치할
   수 있습니다.
❺ 맨 앞으로/맨 뒤로: 선택한 그림을 맨 앞이나 맨 뒤
   로 배치할 수 있습니다.
❻ 채우기 색: 그림을 채울 색을 정할 수 있습니다.
❼ 윤곽선 색: 그림 윤곽선의 색을 정할 수 있습니다.
❽ 윤곽선 굵기: 윤곽선의 굵기를 정할 수 있습니다.
❾ 복사/붙이기: 선택한 그림을 복사하거나 붙여넣을
   수 있습니다.

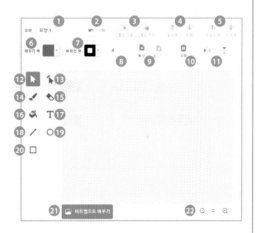

❿ 삭제: 전체 그림을 삭제하거나 선택한 부분을 삭제할 수 있습니다.
⓫ 뒤집기: 선택한 그림을 좌우나 상하로 뒤집을 수 있습니다.
⓬ 선택: 그림을 선택할 수 있습니다.
⓭ 형태 고치기: 선택한 그림의 형태를 고칠 수 있습니다.
⓮ 붓: 그림을 자유롭게 그릴 수 있습니다.
⓯ 지우개: 특정한 영역을 지울 수 있습니다.
⓰ 색 채우기: 그림의 색을 채울 수 있습니다.
⓱ 텍스트: 텍스트를 입력할 수 있습니다.
⓲ 선: 선을 그릴 수 있습니다.
⓳ 원: 원을 그릴 수 있습니다.
⓴ 사각형: 사각형을 그릴 수 있습니다.
㉑ 비트맵/벡터: 그림을 비트맵이나 벡터 형태로 변경할 수 있습니다.
㉒ 확대/축소: 그림을 확대하거나 축소할 수 있습니다.

5 '할 일 추가' 버튼을 만들기 위해 그리기 화면에서 원(○)을 클릭하고, '채우기 색'을 클릭하여 '흰색'을 선택합니다. '윤곽선 색'은 '검정색'을 선택하고, '윤곽선 굵기'는 '4'로 정합니다. 이제 마우스로 드래그하여 다음과 같은 모양으로 타원을 그립니다.

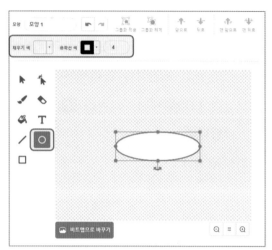

💡**팁**

색은 색상, 채도, 명도 버튼을 좌우로 움직여서 선택할 수 있습니다.

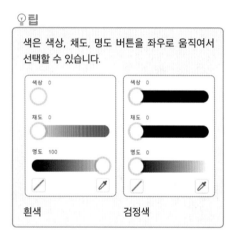

6 텍스트(T)를 클릭하고 '채우기 색'으로 '검정색'을 선택합니다. 마우스를 클릭하여 텍스트 입력 칸을 만들고 '할 일 추가'라고 입력합니다. 그리고 텍스트 테두리를 눌러 위치와 크기를 다음과 같이 변경합니다.

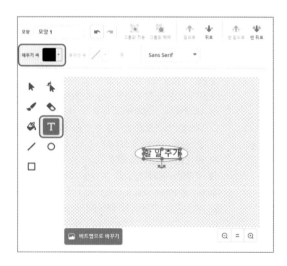

7 스프라이트 영역에서 스프라이트 이름을 '할 일 추가'로 변경합니다.

8 **5~7**을 참고하여 '할 일 삭제'와 '할 일 보기' 스프라이트를 추가하고, 다음과 같이 스프라이트의 위치와 크기를 변경합니다.

💡**팁**

자세한 위치와 크기는 스프라이트와 배경 준비하기를 확인합니다. 스프라이트 목록에서 '할 일 추가' 스프라이트를 마우스 오른쪽 버튼으로 클릭하여 '복사'할 수도 있습니다.

스프라이트와 배경 준비하기

스프라이트와 배경	할 일 추가	할 일 삭제	할 일 보기	Dani	Bedroom 1
이름	할 일 추가	할 일 삭제	할 일 보기	Dani	Bedroom 1
카테고리				사람들	실내
x	-150	-150	-150	0	
y	-65	-110	-155	-40	
크기	100	100	100	80	

1단계	할 일 추가하기 – '할 일 추가'를 누르면 할 일을 입력할 수 있습니다.

1 '할 일 추가'를 누르면 '할 일 추가' 신호를 보냅니다.

1 '할 일 추가' 신호를 받으면 할 일을 입력받습니다.

2 입력받은 내용을 '할 일' 리스트에 추가합니다.

9 할 일을 추가할 리스트를 만들어봅시다. 먼저, **변수 - 리스트 만들기**를 클릭하고 리스트 이름으로 '할 일'을 입력합니다. 무대에 리스트가 생겼습니다. 다음과 같이 리스트를 끌어와 위치와 크기를 조절합니다.

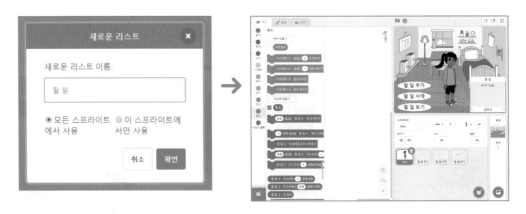

10 이제 '할 일 추가' 스프라이트를 클릭하고 **이벤트**에서 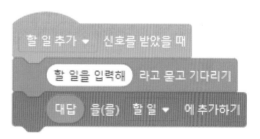 블록과 블록을 연결합니다. '메시지1'을 클릭해서 '할 일 추가' 신호를 만듭니다.

11 신호를 받으면 할 일을 입력받게 해봅시다. Dani 스프라이트를 클릭하고 **이벤트**에서 블록과 블록을 가져와 연결합니다. 그리고 '너 이름은 뭐니?'를 '할 일을 입력해'로 바꿉니다.

12 할 일을 입력하면 입력한 내용을 리스트에 추가하게 해봅시다. **변수**에서 블록을 가져와 연결하고 '항목'에 **감지**의 블록을 넣습니다.

13 시작하기 버튼(🏳)을 누르고 '할 일 추가'를 눌러보세요. 할 일을 입력하면 리스트에 입력한 내용이 추가되는 것을 볼 수 있습니다.

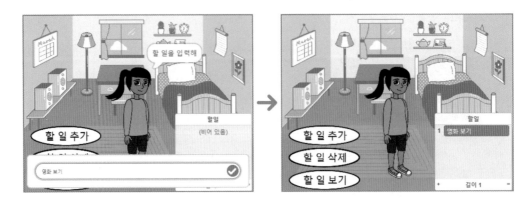

2단계 | **할 일 삭제하기 – '할 일 삭제'를 누르면 할 일을 삭제할 수 있습니다.**

1 '할 일 삭제'를 누르면 '할 일 삭제' 신호를 보냅니다.

1 '할 일 삭제' 신호를 받으면 삭제할 항목의 번호를 입력받습니다.
2 입력받은 항목을 '할 일' 리스트에서 삭제합니다.

---

14 할 일을 삭제하는 블록을 만들어봅시다. '할 일 삭제' 스프라이트를 클릭하고 이벤트의 [이 스프라이트를 클릭했을 때] 블록과 [할 일 추가 ▾ 신호 보내기] 블록을 연결합니다. '할 일 추가'를 누르고 '새로운 메시지'를 선택해 '할 일 삭제' 신호를 만듭니다.

15 '할 일 삭제' 신호를 받으면 삭제할 항목의 번호를 입력받게 해봅시다. Dani 스프라이트를 클릭하고 **이벤트**의 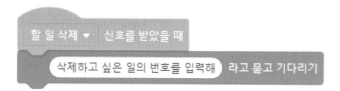 블록과 너이름이뭐니? 라고 묻고 기다리기 블록을 가져와 연결합니다. 그리고 '너 이름은 뭐니?'는 '삭제하고 싶은 일의 번호를 입력해'로 바꿉니다.

16 입력받은 항목을 리스트에서 삭제해 봅시다. **변수**에서 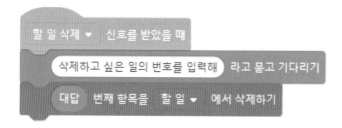 블록을 가져와 연결하고 '1'에는 **감지**의 대답 블록을 넣습니다.

17 시작하기 버튼(🏁)을 눌러 실행해 보세요. 할 일을 입력한 뒤 '할 일 삭제'를 눌러 '1'을 입력하면 첫 번째 항목이 삭제되는 것을 볼 수 있습니다.

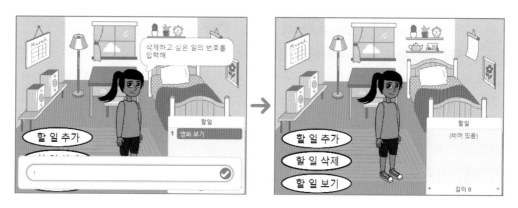

1 '할 일 보기'를 누르면 '할 일 보기' 신호를 보냅니다.

1 '할 일 보기' 신호를 받으면 첫 번째 항목을 말합니다. ←······→ 마지막
2 그다음 번째 항목을 말합니다. ·······→ 항목까지 반복

18 할 일을 하나씩 말하는 블록을 만들어봅시다. '할 일 보기' 스프라이트를 클릭하고 **10**과 **14**를 참고하여 다음과 같이 스크립트를 작성합니다.

19 '할 일 보기' 신호를 받으면 모든 할 일을 하나씩 말하게 해봅시다. Dani 스프라이트를 클릭하고 리스트 안에 있는 일의 개수인 '할 일의 길이'만큼 말하기를 반복하도록 **이벤트**의 할 일 보기 ▾ 신호를 받았을 때 블록과 **제어**의 10 번 반복하기 블록, **변수**의 할 일 ▾ 의 길이 블록을 가져와 다음과 같이 스크립트를 작성합니다.

20 반복하기 블록 안에는 **형태**의 블록을 넣고, '안녕'을 **변수**의

블록으로 바꾸고 '2'초를 '1'초로 바꿔줍니다.

21 이 상태에서 시작하기 버튼(🏳)을 누르고 '할 일 보기'를 누르면 첫 번째 항목만 계속 말하게 됩니다. 순서대로 말하도록 **변수 - 변수 만들기**에서 '순서' 변수를 만들고 **변수**의 블록을 가져와 **20**의 블록 아래에 넣습니다. 이때 '나의 변수'는 '순서'로, '0'은 '1'로 바꿉니다. 또 블록의 '1'을 **변수**의 블록으로 바꿉니다.

22 다시 한번 시작하기 버튼(⚑)을 누르고 '할 일 보기'를 눌러보세요. 순서 에 1이 들어있기 때문에 여전히 첫 번째 항목만 말하게 됩니다. **변수**에서  블록을 가져와 말하기 블록 아래에 넣고 '나의 변수'를 '순서'로 바꿔줍니다. 이렇게 하면 순서 가 하나씩 증가하며 차례대로 할 일을 말하게 됩니다.

```
할 일 보기 ▾ 신호를 받았을 때
  순서 ▾ 을(를) 1 로 정하기
  할 일 ▾ 의 길이 번 반복하기
    할 일 ▾ 리스트의 순서 번째 항목 을(를) 1 초 동안 말하기
    순서 ▾ 을(를) 1 만큼 바꾸기
```

23 마지막으로, 실행화면에서 '순서' 변수를 숨기도록 다음과 같은 스크립트를 추가합니다.

```
⚑ 클릭했을 때
  순서 ▾ 변수 숨기기
```

검토하기

완성된 스크립트를 검토해 봅시다. http://bit.ly/jpubc11에 접속하면 전체 코드를 볼 수 있습니다. 놓친 부분은 없는지 천천히 살펴보세요.

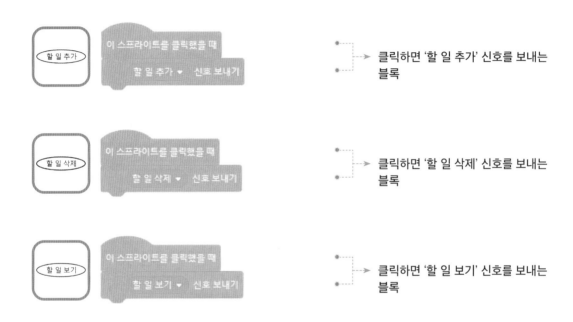

클릭하면 '할 일 추가' 신호를 보내는 블록

클릭하면 '할 일 삭제' 신호를 보내는 블록

클릭하면 '할 일 보기' 신호를 보내는 블록

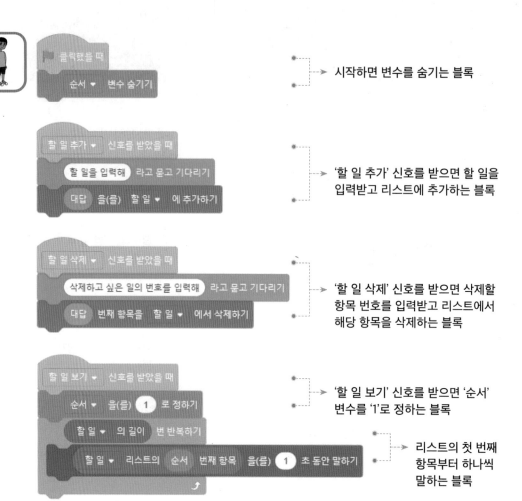

시작하면 변수를 숨기는 블록

'할 일 추가' 신호를 받으면 할 일을 입력받고 리스트에 추가하는 블록

'할 일 삭제' 신호를 받으면 삭제할 항목 번호를 입력받고 리스트에서 해당 항목을 삭제하는 블록

'할 일 보기' 신호를 받으면 '순서' 변수를 '1'로 정하는 블록

리스트의 첫 번째 항목부터 하나씩 말하는 블록

더 나아가기

❶ '할 일 모두 삭제' 스프라이트를 추가하여 할 일을 한꺼번에 지우는 기능을 만들어봅시다.

❷ '할 일 삭제'를 누르고 번호를 입력했을 때 해당 번호가 없으면 그런 항목은 없다고 말하게 해봅시다.

12장

사각형 패턴 만들기

학습 목표

함수 개념으로 다양한 사각형 패턴을 그리는 프로그램을 만들어봅시다.

프로그래밍 개념

순차 구조, 반복 구조, 이벤트, 함수

스크래치 기능

움직이기, 회전하기, 이동하기, 말하기,
묻고 기다리기, 펜

난이도

- 키보드에서 1을 눌러 사각형을 그려봅시다.
- 키보드에서 2를 누르고 변의 길이를 입력해서 사각형을 그려봅시다.
- 키보드에서 3과 4를 눌러 다양한 사각형 패턴을 그려봅시다.

프로젝트 미리보기

http://bit.ly/jpubp12

조작 키

키보드

1단계

숫자를 누르면 사각형을 그릴 수 있다고 말합니다.

2단계

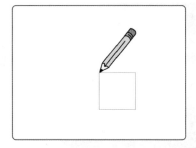

1을 누르면 한 변의 길이가 100인 사각형을 그립니다.

3단계

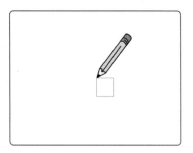

2를 누르면 변의 길이를 입력받고, 입력받은 길이를 한 변으로 하는 사각형을 그립니다.

4단계

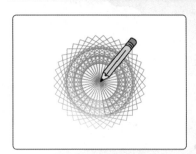

3 또는 4를 누르면 다양한 사각형 패턴을 그립니다.

개념 다지기

함수 - 반복해서 사용하는 스크립트를 간단하게 만들어요!

프로그램을 만들다 보면 자주 쓰는 스크립트가 있습니다. 그런 스크립트를 매번 작성하면 시간이 많이 듭니다. 자주 쓰는 스크립트를 묶어서 하나의 블록 묶음으로 만들고 새로운 이름을 붙이면 필요할 때마다 쉽게 불러올 수 있습니다. 이를 함수라 합니다. **함수**는 특정 스크립트를 묶어서 하나의 블록으로 사용하기로 약속한 것을 말합니다. 함수는 똑같은 스크립트를 재사용하거나, 스크립트 모양은 같은데 들어가는 값만 다른 스크립트를 하나의 블록으로 만들고 싶을 때 사용합니다.

직접 함수를 만들어 보며 함수의 개념을 익혀봅시다. 먼저, 똑같은 스크립트를 재사용하는 경우를 살펴보겠습니다. 스크래치에서는 함수를 '내 블록'으로 표현하고 있습니다. **내 블록** 카테고리에서 **블록 만들기**를 클릭하면 함수를 만들 수 있습니다.

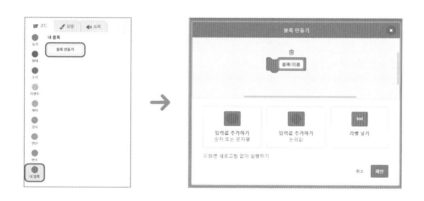

'블록 이름'을 '앞으로 가기'로 바꾸고 **확인** 버튼을 누릅니다. 앞으로 가기 블록이 만들어졌습니다. 이제 이 블록을 실행하면 앞으로 가기 정의하기 아래에 연결된 블록이 실행됩니다.

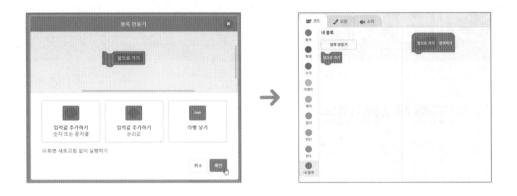

'앞으로 가기'라는 이름에 맞게 다음과 같이 블록을 연결합니다.

키보드에서 스페이스를 누르면  블록이 실행되도록 다음과 같이 스크립트를 작성하고 스페이스를 눌러봅시다.

스페이스를 누를 때마다 스프라이트가 앞으로 갑니다. 왜냐하면 스페이스를 누르면 '앞으로 가기' 블록이 실행되는데, '앞으로 가기' 블록은 '1만큼씩 10번 반복해서 움직이는 것'으로 정의되었기 때문입니다. 이처럼 함수는 자주 쓰는 스크립트를 묶어서 사용할 수 있습니다.

이번에는 스크립트 모양은 같은데 들어간 값만 다른 경우를 살펴보겠습니다. **내 블록 - 블록 만들기**를 클릭하고 **입력값 추가하기**와 **라벨 넣기**를 순서대로 누릅니다. 그리고 '블록 이름'은 '앞으로'로, 'number or text'는 '만큼'으로, 'label text'는 '가기'로 바꾸고 **확인** 버튼을 누릅니다.

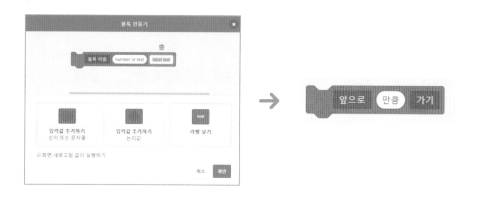

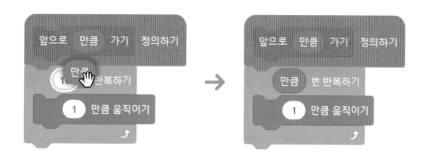 블록이 만들어졌습니다.  에는 다음과 같이 스크립트를 작성합니다.

계속해서,  블록에 있는  블록을 가져와 '10' 자리에 넣습니다. 이렇게 하면 사용자가 에 값을 입력하고 블록을 실행하면  블록이 사용된 곳에 값이 전달됩니다.

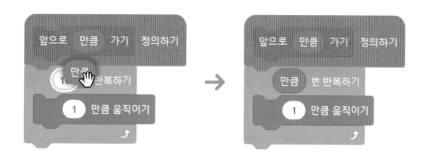

다음과 같이 스크립트를 작성하고 '10'이나 '100' 등의 값을 넣은 뒤, 스페이스를 눌러보면 입력한 값만큼 앞으로 움직입니다.

왜냐하면 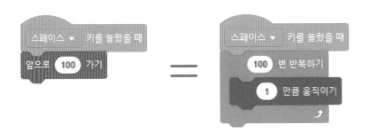 블록에서 숫자 값을 입력하면 만큼 의 위치에 그 값이 전달되기 때문입니다. 앞으로 100 가기 블록을 실행하면 '100'이 10 번 반복하기 에 전달되어 실제로는 아래 그림에서 오른쪽의 블록처럼 실행됩니다.

이런 방식으로 함수를 만들면 앞으로 1만큼 가기 , 앞으로 2만큼 가기 ... 앞으로 100만큼 가기 블록처럼 여러 개의 함수를 만들지 않고도 하나의 함수에 값을 넣어 활용할 수 있습니다.

프로그래밍하기

1 기본 스프라이트인 '스프라이트 1'을 삭제하고, 'Pencil'을 추가합니다.

💡**팁**

> Pencil은 '모두'에 있습니다.

2 **모양** 탭을 누르고 마우스로 연필 모양 전체를 드래그하여 전체 선택합니다. 마우스로 연필의 노란 부분을 클릭해서 연필심이 중심점(⊕)에 오도록 움직입니다.

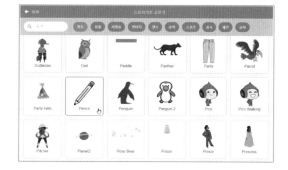

3 다음과 같이 스프라이트의 위치와 크기를 변경합니다.

💡**팁**

> 자세한 위치와 크기는 스프라이트와 배경 준비하기를 확인합니다.

스프라이트와 배경	
이름	Pencil
카테고리	모두
x	0
y	0
크기	100

1단계 | 사용법 말하기

 숫자를 누르면 사각형을 그릴 수 있다고 말합니다.

4 프로젝트가 시작되면 연필이 프로젝트 사용법을 말하게 해봅시다. Pencil 스프라이트를 클릭하고 **이벤트**에서 ⏴클릭했을 때 와 안녕! 을(를) 2 초 동안 말하기 블록을 가져와 연결합니다. 이때 '안녕!'은 '1, 2를 누르면 사각형을 3, 4를 누르면 사각형 패턴을 그립니다'로 '2'는 '6'으로 바꿉니다.

<table>
<tr><td>2단계</td><td>길이가 정해진 사각형 그리기 – 키보드에서 '1'을 누르면
한 변의 길이가 '100'인
사각형을 그립니다.</td></tr>
</table>

1 키보드에서 '1'을 누르면 '사각형 그리기' 블록을 실행합니다.

2 '사각형 그리기' 함수를 만듭니다.

① 연필을 정중앙으로 이동시킵니다.

② 펜을 내립니다.

③ 100만큼 이동합니다.

④ 90도 만큼 회전합니다. ┈┈┈┈┈▶ **4회 반복**

5   사각형을 그리는 함수를 만들어봅시다. **내 블록**에서 **블록 만들기**를 클릭하고 '블록 이름'을 '사각형 그리기'로 바꾼 다음 **확인**을 누릅니다. 블록 팔레트에는 블록이, 스크립트 영역에는 블록이 추가되었습니다.

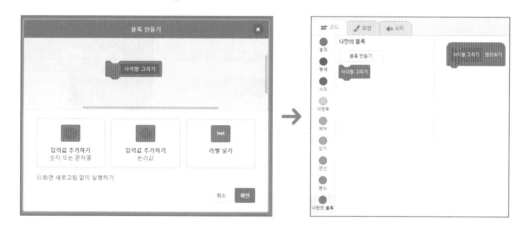

6 그리기와 관련된 블록은 '확장 기능 추가하기'의 '펜'에 있습니다. 블록 팔레트 하단의 **확장 기능 추가하기**를 클릭하고 **펜**을 선택합니다.

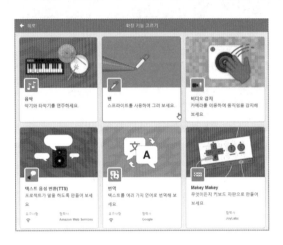

7 사각형 그리기 블록을 실행하면 사각형을 그리게 해봅시다. 먼저, 이 블록이 실행되면 연필이 정중앙으로 이동하고, 펜을 내려 그림을 그릴 수 있도록 **동작**의 x: 0 y: 0 (으)로 이동하기 블록과 **펜**의 펜 내리기 블록을 가져와 사각형 그리기 정의하기 아래에 연결합니다.

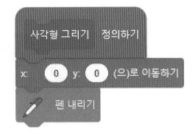

8 한 변의 길이가 100인 사각형을 그리려면, 연필이 100만큼 움직이고 90도 회전하는 행동을 4번 해야 합니다. **제어**의 10 번 반복하기 블록, **동작**의 10 만큼 움직이기 블록과 방향으로 15 도 회전하기 블록을 가져와 다음과 같이 스크립트를 작성합니다.

9 이제 키보드에서 1을 누르면 사각형을 그리게 해봅시다. **이벤트**의 스페이스 키를 눌렀을 때 블록을 가져와 '1' 키를 눌렀을 때로 바꾸고, 그 아래에는 **내 블록**의 사각형 그리기 블록을 연결합니다.

10 시작하기 버튼( )을 누르고 키보드에서 1을 누르면 길이가 100인 사각형이 그려집니다.

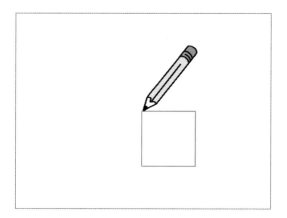

3단계 | 길이를 입력받아 사각형 그리기
– 키보드에서 '2'를 누르면 변의 길이를 입력받고,
입력받은 길이를 한 변으로 하는 사각형을 그립니다.

▣ 키보드에서 2키를 누르면 길이를 입력받습니다.

▣ '한 변의 길이가 ( )인 사각형 그리기' 블록을 실행합니다.

▣ '한 변의 길이가 ( )인 사각형 그리기' 함수를 만듭니다.

　① 연필을 정중앙으로 이동시킵니다.

　② 펜을 내립니다.

　③ 입력받은 값만큼 이동합니다.

　④ 90도만큼 회전합니다. ----→ 4회 반복

11 계속해서, 길이를 입력받아 사각형을 그리는 함수를 만들어봅시다. **내 블록**에서 **블록 만들기**를 클릭하고 '입력값 추가하기'와 '라벨 넣기'를 클릭합니다. 그리고 '블록 이름'은 '한 변의 길이가'로, 'number or text'는 '길이'로, 'label text'는 '인 사각형 그리기'로 바꾸고 **확인**을 누릅니다. 블록 팔레트에는 `한 변의 길이가 ◯ 인 사각형 그리기` 블록이, 스크립트 영역에는 `한 변의 길이가 길이 인 사각형 그리기 정의하기` 블록이 추가되었습니다.

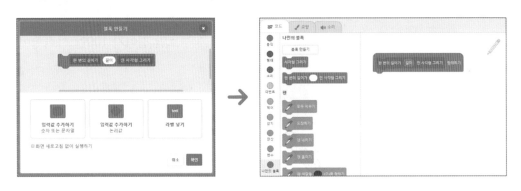

12 `한 변의 길이가 ◯ 인 사각형 그리기` 블록을 실행하면 특정한 길이를 한 변으로 하는 사각형을 그리게 해봅시다. **7~8**을 참고하여 다음과 같이 스크립트를 작성합니다.

13 이 스크립트를 실행하면 한 변의 길이가 100인 사각형을 그리게 됩니다. `한 변의 길이가 길이 인 사각형 그리기 정의하기`에 있는 `길이`를 가져와 `10 만큼 움직이기`의 '100' 부분에 넣습니다.

팁

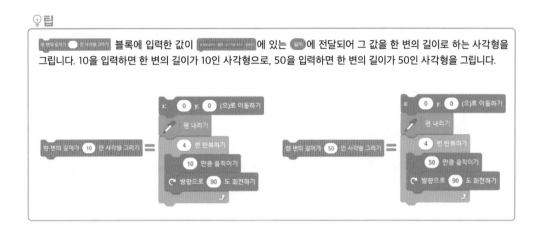

한 변의 길이가 ◯ 인 사각형 그리기 블록에 입력한 값이 한 변의 길이가 ◯ 인 사각형 그리기 에 있는 ◯ 에 전달되어 그 값을 한 변의 길이로 하는 사각형을 그립니다. 10을 입력하면 한 변의 길이가 10인 사각형으로, 50을 입력하면 한 변의 길이가 50인 사각형을 그립니다.

14 이제 키보드에서 '2'를 누르면 길이를 입력받고 사각형을 그리게 해봅시다. **이벤트**의 스페이스 ▾ 키를 눌렀을 때 블록을 가져와 '2' 키를 눌렀을 때로 바꾸고, 그 아래에는 **감지**의 너 이름이 뭐니? 라고 묻고 기다리기 블록과 **내 블록**의 한 변의 길이가 ◯ 인 사각형 그리기 블록을 연결합니다. 이때 '너 이름이 뭐니?'는 '길이를 입력하세요.'로 바꾸고, 한 변의 길이가 ◯ 인 사각형 그리기 블록의 빈 칸에는 **감지**의 대답 블록을 넣습니다.

15 시작하기 버튼(🏴)을 눌러 실행해 보세요. 그리고 키보드에서 1을 누른 다음, 2를 누르고 값에 '50'을 입력해 봅시다. 사각형이 원하는 크기로 그려지지만 이전에 그린 사각형이 지워지지 않습니다.

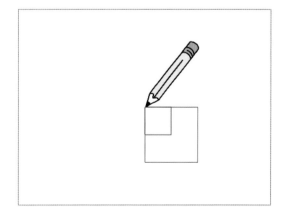

16 사각형을 그릴 때마다 이전에 그린 사각형이 지워지도록 펜의 블록을 가져와 **4, 9, 14** 스크립트에 다음과 같이 추가합니다.

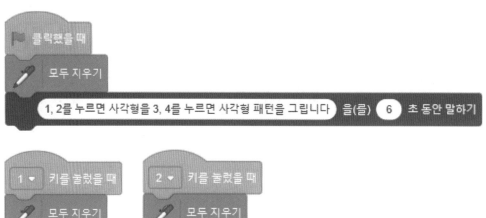

4단계 | **다양한 사각형 패턴 그리기 – 키보드에서 '3' 또는 '4'를 누르면 다양한 사각형 패턴을 그립니다.**

1 '3'을 누르면 이전에 그린 그림을 지웁니다.
2 사각형을 그립니다.
3 10도 회전합니다.
4 펜 색깔을 바꿉니다.

→ 36회 반복

1 '4'를 누르면 이전에 그린 그림을 지웁니다.
2 한 변의 길이가 50인 사각형을 그립니다.
3 한 변의 길이가 70인 사각형을 그립니다.
4 한 변의 길이가 90인 사각형을 그립니다.
5 10도 회전합니다.
6 펜 색깔을 바꿉니다.

→ 36회 반복

17 키보드에서 '3'을 누르면 사각형을 그리고 회전하며 패턴을 만들게 해봅시다. **이벤트**의 블록을 가져와 '3' 키를 눌렀을 때로 바꾸고, 바로 아래에는 **펜**의 블록을 연결합니다. 또 **제어**에서 블록을 가져와 '10'을 '36'으로 바꿉니다.

18 사각형을 한 번 그리고 10도씩 회전하는 것을 36번 하면 사각형으로 원 모양의 패턴을 만들 수 있습니다. 반복하기 블록 안에 **내 블록**의 블록과 **동작**의 블록을 넣고, '15'도를 '10'도로 바꿉니다.

19 사각형을 그린 후에는 펜의 색깔을 바꾸도록 **펜**에서 블록을 가져와 '10'을 '1'로 바꿉니다.

20 시작하기 버튼(🏳)을 누르고 키보드에서 3을 누르면 다음과 같이 사각형 패턴이 그려집니다.

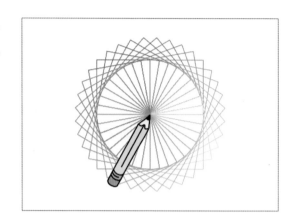

21 키보드 '4'를 누르면 한 변의 길이가 다른 사각형 3개를 그리며 원 모양의 패턴을 만들게 해봅시다. 스크립트 **17~19**와 한 변의 길이가 ◯ 인 사각형 그리기 블록을 참고하여 다음과 같이 스크립트를 작성합니다.

💡 팁
한 변의 길이가 다른 사각형 3개를 그리려면
한 변의 길이가 ◯ 인 사각형 그리기 블록이 3개 필요하겠죠?

22 시작하기 버튼(🏳)을 누르고 키보드에서 '4'를 누르면 다음과 같은 사각형 패턴이 그려집니다.

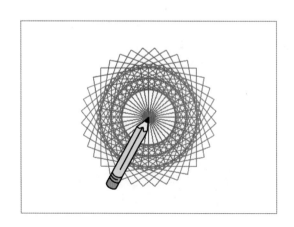

검토하기

완성된 스크립트를 검토해 봅시다. http://bit.ly/jpubc12에 접속하면 전체 코드를 볼 수 있습니다. 놓친 부분은 없는지 천천히 살펴보세요.

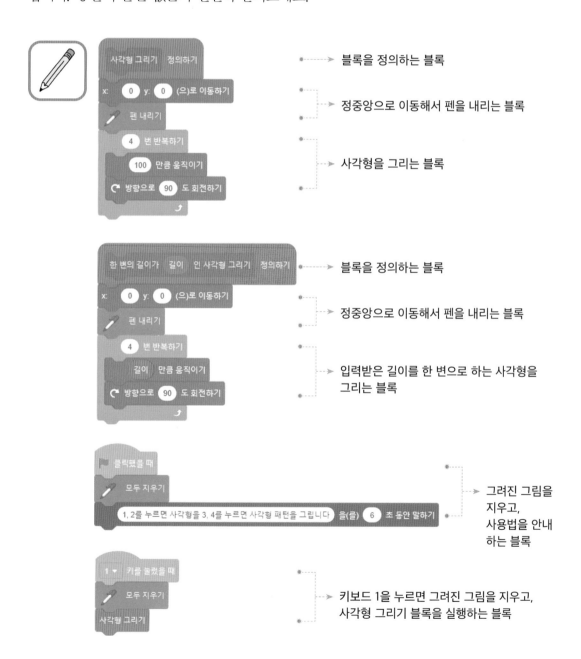

블록을 정의하는 블록

정중앙으로 이동해서 펜을 내리는 블록

사각형을 그리는 블록

블록을 정의하는 블록

정중앙으로 이동해서 펜을 내리는 블록

입력받은 길이를 한 변으로 하는 사각형을 그리는 블록

그려진 그림을 지우고, 사용법을 안내하는 블록

키보드 1을 누르면 그려진 그림을 지우고, 사각형 그리기 블록을 실행하는 블록

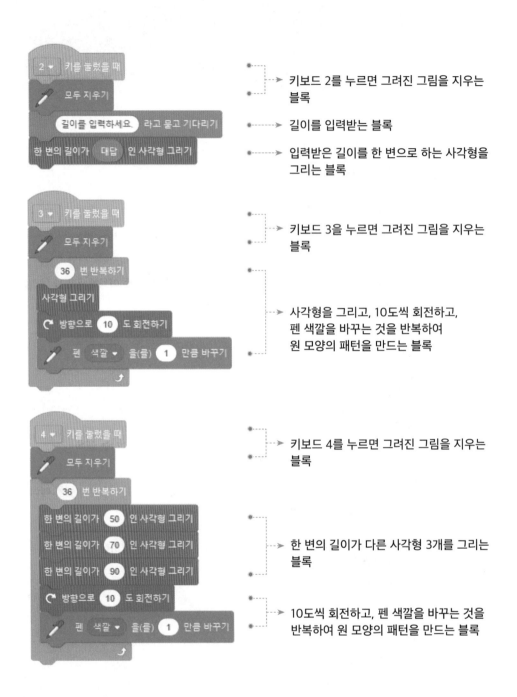

키보드 2를 누르면 그려진 그림을 지우는 블록

길이를 입력받는 블록

입력받은 길이를 한 변으로 하는 사각형을 그리는 블록

키보드 3을 누르면 그려진 그림을 지우는 블록

사각형을 그리고, 10도씩 회전하고, 펜 색깔을 바꾸는 것을 반복하여 원 모양의 패턴을 만드는 블록

키보드 4를 누르면 그려진 그림을 지우는 블록

한 변의 길이가 다른 사각형 3개를 그리는 블록

10도씩 회전하고, 펜 색깔을 바꾸는 것을 반복하여 원 모양의 패턴을 만드는 블록

더 나아가기

❶ 펜의 색깔과 굵기를 자유롭게 바꿔서 패턴을 그려봅시다.

❷ '( )각형 그리기' 블록을 만들고, 키보드에서 5를 누르면 몇 각형을 그릴지 입력받고 입력한 값에 맞는 다각형을 그리게 해봅시다.

응용하기

13장

픽셀 그림판 만들기

학습 목표

복제 블록을 사용하여 마우스를 클릭해서 픽셀 그림
을 그리는 그림판을 만들어봅시다.

프로그래밍 개념

순차 구조, 반복 구조, 선택 구조, 논리 연산

스크래치 기능

이동하기, 좌표, 효과, 보이기/숨기기, 기다리기,
복제, 감지

난이도

- 네모상자를 마우스로 여러 번 눌러봅시다.
- 스페이스를 누르면 네모상자가 어떻게 변하는지 살펴봅시다.

프로젝트 미리보기

http://bit.ly/jpubp13

조작 키

키보드와 마우스

1단계

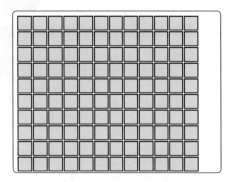

시작하기를 누르면 네모상자가 복제됩니다.

2단계

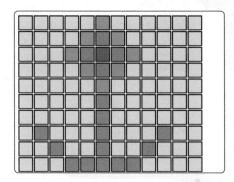

마우스로 네모상자를 누를 때마다 네모상자의
색깔이 변합니다.

3단계

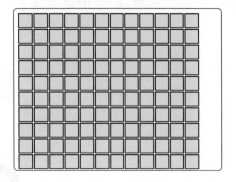

스페이스를 누르면 색깔이 원래대로 돌아옵니다.

개념 다지기

복제 – 비슷한 기능을 가진 스프라이트를 손쉽게 만들어요!

프로그램을 만들다 보면 비슷한 기능을 하는 스프라이트가 많이 필요할 때가 있습니다. 이때 스프라이트를 하나씩 추가하면 프로그램을 만들 때도 힘들고, 나중에 스크립트를 수정할 때도 모든 스프라이트를 하나하나 수정해야 해서 매우 불편합니다. 이럴 때 '복제' 블록을 사용하면 하나의 스프라이트를 가지고 비슷한 기능을 하는 여러 스프라이트를 만들 수 있습니다. '복제' 블록은 '복제하기' 블록과 '복제되었을 때' 블록으로 이루어져 있습니다. 복제본을 만들고, 그 복제본이 생성되면 어떤 기능을 할지 설정하는 식으로 복제 블록을 이용해 다양한 프로그램을 만들어봅시다.

새로운 블록 만나기

- 복제본이 처음 생성되었을 때, 그 아래에 연결된 블록들을 실행합니다.
- 선택한 스프라이트의 복제본을 만듭니다. 자신 또는 다른 스프라이트의 복제본을 만들 수 있습니다.
- 생성된 복제본을 삭제합니다.

예제

시작하기를 누르면 복제본을 만들면서 위로 이동하여 총 4개(원본 포함)의 상자가 만들어집니다. 키보드에서 스페이스를 누르면 복제본 상자의 색이 모두 변합니다. 하지만 원본 상자의 스크립트에는 색깔을 바꾸는 블록이 없으므로 원본 상자의 색은 변하지 않습니다.

프로그래밍하기

1　이번에는 필요한 스프라이트를 직접 업로드해 보겠습니다. http://bit.ly/songScratch에서 '네모상자' 이미지를 다운받습니다. 기본 스프라이트인 '스프라이트 1'을 삭제하고, 스프라이트 고르기(🔊)에서 '스프라이트 업로드하기'를 클릭합니다.

2　다운받은 파일을 선택한 후 **열기** 버튼을 누르면 '네모상자' 스프라이트가 추가됩니다.

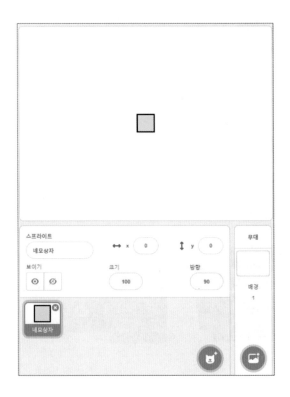

3 다음과 같이 스프라이트의 위치와
크기를 변경합니다.

💡**팁**

자세한 위치와 크기는 스프라이트와 배경 준비하
기를 확인합니다.

스프라이트와 배경 준비하기

스프라이트와 배경	
이름	네모상자
카테고리	
x	0
y	0
크기	100

1단계 ｜ 네모상자 복제하기 – 시작하기를 누르면 네모상자가 복제됩니다.

1 왼쪽 상단으로 이동합니다.
2 x 좌표 방향으로 일정한 간격으로 상자를 복제합니다. •┄┄► 반복
3 한 줄 아래의 위치로 이동합니다.

4 네모상자가 왼쪽 상단으로 이동하게 해봅시다.
네모상자 스프라이트를 클릭하고 **이벤트**의
 블록과 **동작**의 ⬚ 블록을 연결합니다. 네모상자가 왼쪽 상단으
로 이동하도록 x는 -200으로, y는 160으로
값을 변경합니다.

💡**팁**

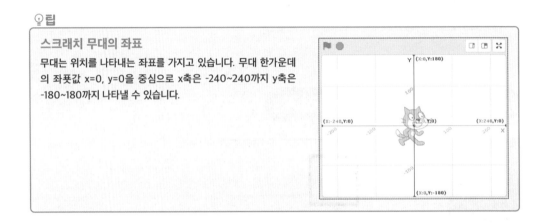

스크래치 무대의 좌표
무대는 위치를 나타내는 좌표를 가지고 있습니다. 무대 한가운데
의 좌푯값 x=0, y=0을 중심으로 x축은 -240~240까지 y축은
-180~180까지 나타낼 수 있습니다.

5 **모양** 탭을 클릭하면 네모상자의 가로, 세로 길이가 각각 35임을 확인할 수 있습니다.

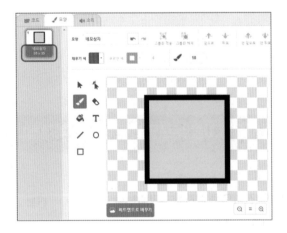

6 다시 **코드** 탭을 누르고 가로로 상자를 한 줄 복제하도록 **제어**의 [10 번 반복하기] 블록을 가져와 '10'을 '12'로 바꾸고, 그 안에 [나 자신 ▼ 복제하기] 블록과 **동작**의 [x 좌표를 10 만큼 바꾸기] 블록을 넣습니다. 상자가 겹치지 않게 복제되도록 '10'은 상자의 가로 길이인 '35'로 바꿔줍니다.

💡**팁**

> 무대의 가로 길이는 -240~240으로 총 480입니다. 상자의 가로 길이가 35이기 때문에 13번 정도 복제할 수 있지만, 여백을 두기 위해 12회 복제했습니다.

7 시작하기 버튼(🏳)을 누르면 상자가 가로로 12개 복제되는 것을 볼 수 있습니다. 이때 13번째에 있는 상자가 원본 상자입니다.

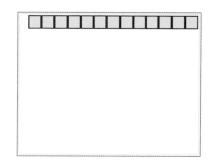

8 가로로 상자를 복제했다면 다음 줄로 이동하게 해봅시다. **동작**의 [x 좌표를 0 (으)로 정하기] 블록과 [y 좌표를 10 만큼 바꾸기] 블록을 연결하고 x 좌표는 상자의 첫 가로 위치인 -200으로, y 좌표는 상자의 세로 길이인 35만큼 바꾸되 아래로 가게 하기 위해 -35로 고칩니다.

9 다음 줄로 이동한 다음에 다시 x 좌표 방향으로 복제하도록 제어의 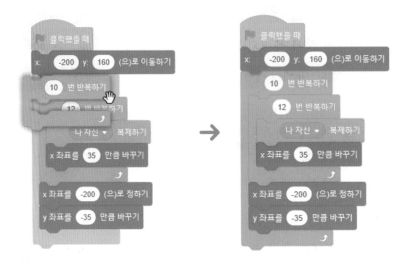 블록을 가져와 **8**의 x -210 y 160 (으)로 이동하기 블록 아래에 있는 모든 블록을 감싸도록 연결합니다.

> 💡팁
> 무대의 세로 길이는 -180~180으로 총 360입니다. 상자의 가로 길이가 35이기 때문에 약 10번 정도 복제할 수 있습니다.

10 시작하기 버튼(🏁)을 누르면 상자가 화면 전체에 복제되는 것을 볼 수 있습니다. 이때 왼쪽 하단에 보이는 잘린 상자가 원본 상자입니다. 이 상자는 처음에만 보이고 마지막에는 숨겨지도록 다음과 같이 **형태**에서 보이기 블록과 숨기기 블록을 추가합니다.

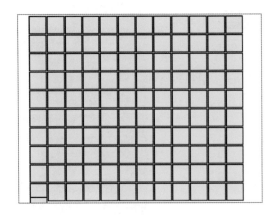

네모상자를 마우스로 누를 때마다 네모상자의 색깔이 변합니다.

11 복제된 상자를 마우스로 클릭했을 때 색깔이 바뀌게 해봅시다. **제어**에서 복제되었을 때 블록, 무한 반복하기 블록, 만약 (이)라면 블록을 가져와 다음과 같이 연결합니다.

12 마우스로 상자를 클릭했는지 판단하기 위해 **연산**에서 그리고 블록을 가져와 **11**의 조건 영역에 넣습니다. 마우스를 클릭했을 때 상자가 마우스 포인터에 닿았다면 상자를 클릭했다고 판단할 수 있으므로 **감지**에서 마우스를 클릭했는가? 블록과 마우스 포인터 ▼ 에 닿았는가? 블록을 가져와 각각 빈 칸에 넣습니다.

13 마우스로 상자를 클릭했을 때 네모상자의 색깔을 바꾸도록 **형태**에서
색깔 ▾ 효과를 25 만큼 바꾸기 블록을 넣습니다. 이 상태로 실행하면 마우스로 상자를 클릭했을 때 색깔이 너무 빨리 변합니다. **제어**에서 1 초 기다리기 블록을 가져와 연결하고 '1'을 '0.5'로 바꿉니다.

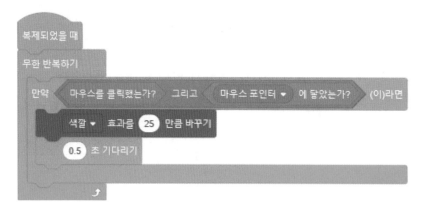

💡**팁**

0.5 초기다리기 블록이 없는 채로 프로젝트를 실행하고 몇 개의 블록을 한 번씩 클릭해 보세요. 블록의 색이 모두 똑같이 바뀌었나요? 아마도 서로 다를 겁니다. 우리는 마우스를 한 번 클릭했다고 생각하지만 마우스 포인터가 네모상자에 닿아있는 그 짧은 시간에도 스크립트는 계속 작동 중이기 때문에 색깔이 계속 바뀌게 됩니다. 이 문제는 0.5 초기다리기 블록을 추가하여 이 문제를 해결할 수 있습니다. 이 블록을 추가해도 색이 똑같이 변하지 않는다면 0.5초를 0.7초 정도로 바꿔보세요.

14 시작하기 버튼(🏁)을 누르고 마우스로 네모상자를 클릭하면 상자의 색깔이 바뀝니다.

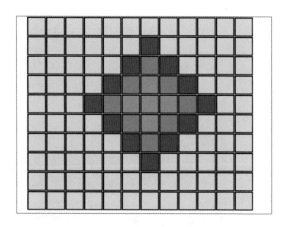

키보드에서 스페이스를 누르면 색깔이 원래대로 돌아옵니다.

15 스페이스를 눌렀는지 확인하기 위해 **제어**의 ![만약 (이)라면] 블록을 가져와 ![무한 반복하기] 안에 넣고, 조건 영역에는 **감지**의 ![스페이스 ▼ 키를 눌렀는가?] 블록을 넣습니다.

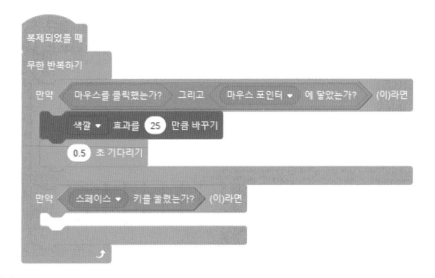

16 스페이스를 누르면 색깔이 원래대로 돌아도록 **형태**에서  블록을 넣습니다.

17 시작하기 버튼(▶)을 누르고 마우스로 네모상자를 클릭해서 그림을 그리다가, 스페이스키를 누르면 상자의 색깔이 원래대로 돌아오는 것을 볼 수 있습니다.

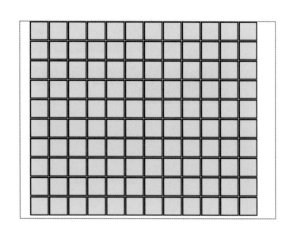

검토하기

완성된 스크립트를 검토해 봅시다. http://bit.ly/jpubc13에 접속하면 전체 코드를 볼 수 있습니다. 놓친 부분은 없는지 천천히 살펴보세요.

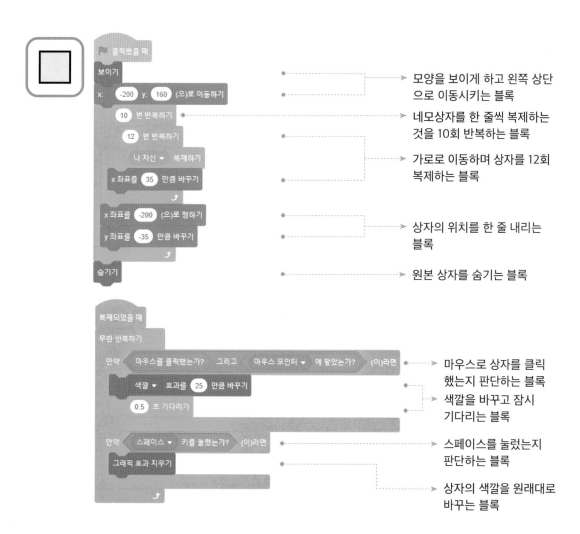

모양을 보이게 하고 왼쪽 상단으로 이동시키는 블록

네모상자를 한 줄씩 복제하는 것을 10회 반복하는 블록

가로로 이동하며 상자를 12회 복제하는 블록

상자의 위치를 한 줄 내리는 블록

원본 상자를 숨기는 블록

마우스로 상자를 클릭했는지 판단하는 블록

색깔을 바꾸고 잠시 기다리는 블록

스페이스를 눌렀는지 판단하는 블록

상자의 색깔을 원래대로 바꾸는 블록

더 나아가기

① 네모상자의 크기를 50으로 정하고, 네모상자가 더 많이 복제되도록 해봅시다.

② 상자를 클릭할 때마다 소리가 나게 해봅시다.

14장

끝말잇기 게임

학습 목표

문자 블록을 활용하여 둘이서 할 수 있는 세 글자 끝
말잇기 게임을 만들어봅시다.

프로그래밍 개념

순차 구조, 반복 구조, 선택 구조, 비교 연산,
논리 연산, 변수, 리스트

스크래치 기능

말하기, 소리, 멈추기, 묻고 기다리기, 난수

난이도

프로젝트 살펴보기

- 둘이서 한 번씩 단어를 입력하여 세 글자 끝말잇기를 해봅시다.
- 정답일 때와 오답일 때 캐릭터가 어떤 행동을 하는지 살펴봅시다.

프로젝트 미리보기

http://bit.ly/jpubp14

조작 키

키보드

1단계

끝말잇기를 하자고 말하고 시작하는 단어를 무작위로 말합니다.

2단계

사전에 있는 세 글자 단어를 입력하면 계속 단어를 입력할 수 있습니다.

3단계

세 글자가 아니거나 사전에 없는 단어를 입력하면 게임이 끝납니다.

개념 다지기

문자 블록 - 문자의 정보를 활용해요!

스크래치는 여러 가지 문자 블록을 제공합니다. 여러 문자를 결합하거나, 그 문자의 첫 번째 글자가 무엇인지 확인하거나, 그 문자의 길이를 확인하기 위해서는 문자 블록이 필요합니다. 문자 블록을 활용하면 문자 값을 분석하여 다양한 프로그램을 만들 수 있습니다.

새로운 블록 만나기

- 가위 와(과) 나무 결합하기 ● — ● 입력한 두 개의 문자를 합쳐서 보여줍니다.

- 가위 의 1 번째 글자 ● — ● 입력한 문자의 특정한 위치에 있는 글자를 보여줍니다.

- 가위 의 길이 ● — ● 입력한 문자의 문자 수를 보여줍니다.

- 가위 이(가) 가 을(를) 포함하는가? ● — ● 입력한 문자에 특정 문자가 포함되어 있으면 참을, 아니면 거짓을 나타냅니다.

예제

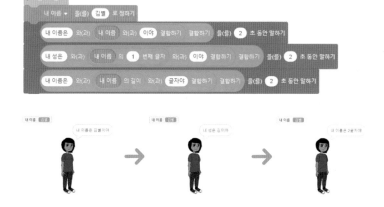

처음에는 이름과 문자를 합쳐서 말합니다. 이어서 이름의 첫 번째 글자를 가져와 합쳐서 말하고, 마지막으로 이름의 길이를 합쳐서 말합니다.

프로그래밍하기

1   기본 스프라이트인 '스프라이트 1'을 삭제하고, 'Dani'를 추가합니다.

> 💡 **팁**
>
> Dani는 '사람들'에 있습니다.

2   배경으로는 'Room 1'을 선택합니다.

> 💡 **팁**
>
> Room 1은 '실내'에 있습니다.

3   다음과 같이 스프라이트의 위치와 크기를 변경합니다.

> 💡 **팁**
>
> 자세한 위치와 크기는 스프라이트와 배경 준비하기를 확인합니다.

스프라이트와 배경 준비하기

스프라이트와 배경		
이름	Dani	Room 1
카테고리	사람들	실내
x	0	
y	-20	
크기	100	

1단계 | 시작 단어 선택하기 - 끝말잇기를 하자고 말하고 시작하는 단어를 무작위로 말합니다.

1️⃣ 끝말잇기를 해보자고 말합니다.
2️⃣ 처음으로 말할 단어를 무작위로 선택합니다.
3️⃣ 단어를 묻고 대답을 기다립니다.

4 캐릭터가 끝말잇기를 하자고 말하게 해봅시다. Dani 스프라이트를 클릭하고 **이벤트**의 ![클릭했을 때] 블록과 **형태**의 ![안녕! 을(를) 2 초 동안 말하기] 블록을 연결합니다. '안녕!'은 '세 글자 끝말잇기를 해보자!'로 바꿉니다.

5 세 글자 단어가 담긴 리스트를 만들어
봅시다. **변수 – 리스트 만들기**를 눌
러 '단어목록' 리스트를 만듭니다. 다
음으로 18만 개의 세 글자 단어가 정
리된 파일을 http://bit.ly/songScratch
에서 다운받습니다.

6 스크래치에서는 리스트 항목을 외부
파일로 한꺼번에 추가하는 기능을 제
공하고 있습니다. 단어목록 리스트에
서 마우스 오른쪽 버튼을 누르고 '가
져오기'를 클릭한 후 **5**에서 받은 파
일을 선택합니다. 단어목록 리스트에
18만 개의 세 글자 단어가 추가되었
습니다.

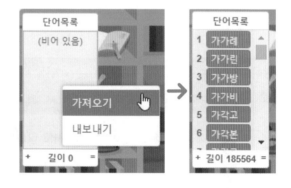

7 처음으로 말할 단어를 무작위로 선택하도록 **변수 – 변수 만들기**에서 '입력한단어' 변
수를 만듭니다. 또 **변수**에서 `나의 변수 ▾ 을(를) 0 로 정하기` 블록을 가져와 연결하고 '나의
변수'를 '입력한단어'로 바꿉니다. '0'에는 **변수**의 `단어목록 ▾ 리스트의 1 번째 항목` 블록을 넣
습니다.

```
클릭했을 때
세 글자 끝말잇기를 해보자! 을(를) 2 초 동안 말하기
입력한단어 ▾ 을(를) 단어목록 ▾ 리스트의 1 번째 항목 로 정하기
```

8 이렇게 스크립트를 작성하면 단어목록 리스트의 첫 번째 항목이 '입력한단어' 변수에 저장됩니다. 입력할 단어를 무작위로 정하도록 **연산**에서 〔 1 〕 부터 〔 10 〕 사이의 난수 블록을 가져와 스크립트 **7**의 '1' 자리에 넣습니다. 그리고 단어목록 중에서 무작위로 하나의 단어를 뽑도록 **변수**의 〔 단어목록 ▾ 의 길이 〕 블록을 가져와 방금 연결한 난수 블록의 '10' 자리에 넣습니다.

> 클릭했을 때
> 세 글자 끝말잇기를 해보자! 을(를) 2 초 동안 말하기
> 입력한단어 ▾ 을(를) 단어목록 ▾ 리스트의 1 부터 단어목록 ▾ 의 길이 사이의 난수 번째 항목 로 정하기

9 선택한 단어를 묻도록 **감지**에서 〔 너 이름이 뭐니? 라고 묻고 기다리기 〕 블록을 연결하고 '너 이름이 뭐니?'에는 **변수**의 〔 입력한단어 〕 를 넣습니다. 또한, 실행화면에서 단어목록 리스트와 변수창이 보이지 않도록 **변수**에서 〔 단어목록 ▾ 리스트 숨기기 〕 블록과 〔 입력한단어 ▾ 변수 숨기기 〕 블록을 가져와 다음과 같이 연결합니다.

> 클릭했을 때
> 단어목록 ▾ 리스트 숨기기
> 입력한단어 ▾ 변수 숨기기
> 세 글자 끝말잇기를 해보자! 을(를) 2 초 동안 말하기
> 입력한단어 ▾ 을(를) 단어목록 ▾ 리스트의 1 부터 단어목록 ▾ 의 길이 사이의 난수 번째 항목 로 정하기
> 입력한단어 라고 묻고 기다리기

10 시작하기 버튼(🏴)을 여러 번 눌러봅시다. 시작하는 단어가 달라지는 것을 볼 수 있습니다.

<table>
<tr><td rowspan="2">**2단계**</td><td>사전에 있는 단어를 입력했을 때</td></tr>
<tr><td>- 사전에 있는 세 글자 단어를 입력하면 계속 단어를
입력할 수 있습니다.</td></tr>
</table>

1 사전에 있는 세 글자 단어를 입력했는지 확인합니다.

2 올바른 단어를 입력했으면 소리를 재생합니다.

3 계속해서 다음 단어를 입력받습니다.

11 이제, 여러분이 입력창에 끝말잇기 단어를 입력했을 때 해당 단어가 올바른 끝말 잇기 단어인지 판단하는 블록을 만들어봅시다. **제어**의 [무한 반복하기] 블록과 [만약 ◇ (이)라면 / 아니면] 블록, **연산**의 [◇ 그리고 ◇] 블록을 가져와 다음과 같이 연결합니다.

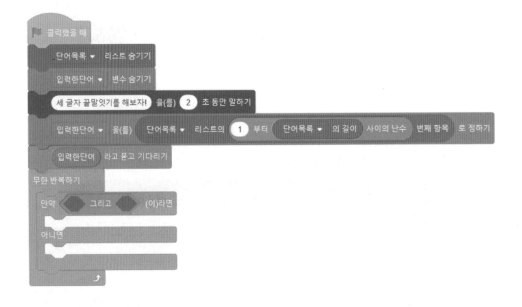

12 입력한 단어가 올바른 경우를 자세히 생각해 봅시다. 첫째로, 입력한 단어가 단어 목록에 포함되어 있어야 합니다. 둘째로, 끝말잇기의 규칙에 따라 이전 단어의 마지 막 글자로 시작해야 합니다. 이를 블록으로 나타내 봅시다. 먼저, 첫 번째를 살펴봅 시다. **변수**의 〈 단어목록 ▼ 이(가) 항목 을(를) 포함하는가? 〉 블록을 가져와 '항목'에는 **감지**의 대답 블록을 넣고 **11**의 〈 그리고 〉 블록에 넣어줍니다.

13 두 번째 경우를 살펴봅시다. **연산**에서 $\boxed{ = 50}$ 블록을 가져와 양쪽 칸에 $\boxed{가위}$ 의 $\boxed{1}$ 번째 글자 블록을 각각 넣습니다. 이전 단어의 마지막 단어와 마지막 단어의 첫 번째 단어가 같아야 하므로 첫 번째 $\boxed{가위}$ 의 $\boxed{1}$ 번째 글자 블록의 '가위'를 **변수**의 $\boxed{입력한단어}$ 로, '1'을 '3'으로 고치고, 두 번째 $\boxed{가위}$ 의 $\boxed{1}$ 번째 글자 블록의 '가위'를 **대답**의 $\boxed{대답}$ 블록으로 고칩니다. 그리고 **12**의 $\boxed{ 그리고 }$ 블록의 빈칸에 넣어줍니다.

14 올바른 단어를 입력했다면 소리가 나도록 **소리** 탭에서 소리 고르기(🔊)를 눌러 'Coin' 소리를 추가하고 **소리**의 $\boxed{pop \blacktriangledown 재생하기}$ 블록을 가져와 'Pop'을 'Coin'으로 바꿉니다.

> 💡**팁**
> Coin은 '효과'에 있습니다.

15 자신이 입력한 단어를 '입력한단어'에 저장하고, 새로운 단어를 입력받도록 **변수**에서 `나의 변수 ▾ 을(를) 0 로 정하기` 블록을 가져와 `Coin ▾ 재생하기` 블록 아래에 연결합니다. '나의 변수'는 '입력한단어'로 바꾸고 '0'에는 **감지**의 `대답` 을 넣습니다. 또 **감지**에서 `너 이름이 뭐니? 라고 묻고 기다리기` 블록을 연결하고 '너 이름이 뭐니?'에는 **변수**의 `입력한단어` 블록을 넣습니다.

```
클릭했을 때
단어목록 ▾ 리스트 숨기기
입력한단어 ▾ 변수 숨기기
세 글자 끝말잇기를 해보자! 을(를) 2 초 동안 말하기
입력한단어 ▾ 을(를) 단어목록 ▾ 리스트의 1 부터 단어목록 ▾ 의 길이 사이의 난수 번째 항목 로 정하기
입력한단어 라고 묻고 기다리기
무한 반복하기
  만약 단어목록 ▾ 이(가) 대답 을(를) 포함하는가? 그리고 입력한단어 의 3 번째 글자 = 대답 의 1 번째 글자 (이)라면
    Coin ▾ 재생하기
    입력한단어 ▾ 을(를) 대답 로 정하기
    입력한단어 라고 묻고 기다리기
  아니면

```

16 시작하기 버튼(🏳)을 누르고 올바른 단어를 입력해 봅시다. 소리와 함께 입력한 단어를 말하고 계속해서 끝말잇기를 할 수 있습니다.

① 소리를 재생합니다.

② '땡!'이라 말합니다.

③ 모든 스크립트를 멈춰서 게임을 끝냅니다.

17 단어를 잘못 입력하면 소리를 내게 해봅시다. **소리** 탭에서 'Police Siren' 소리를 추가하고 다음과 같이 '아니면' 아래에 블록을 연결합니다.

> 💡팁
>
> Police Siren은 '효과'에 있습니다.

```
클릭했을 때
단어목록 ▾ 리스트 숨기기
입력한단어 ▾ 변수 숨기기
세 글자 끝말잇기를 해보자 을(를) 2 초 동안 말하기
입력한단어 ▾ 을(를) 단어목록 ▾ 리스트의 1 부터 단어목록 ▾ 의 길이 사이의 난수 번째 항목 로 정하기
입력한단어 라고 묻고 기다리기
무한 반복하기
  만약 단어목록 ▾ 이(가) 대답 을(를) 포함하는가? 그리고 입력한단어 의 3 번째 글자 = 대답 의 1 번째 글자 (이)라면
    Coin ▾ 재생하기
    입력한단어 ▾ 을(를) 대답 로 정하기
    입력한단어 라고 묻고 기다리기
  아니면
    Police Siren ▾ 재생하기
```

18 '땡!'을 1초 동안 말하도록 **형태**에서 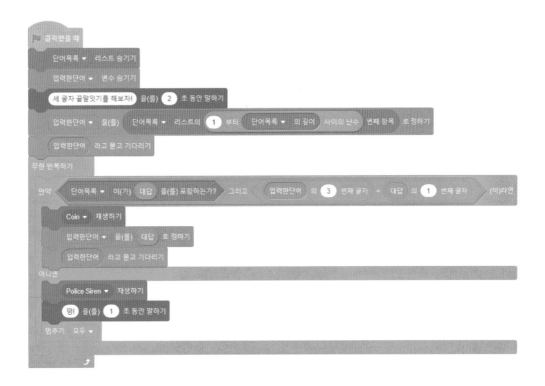 블록을 가져와 '안녕!'을 '땡!'으로 '2'를 '1'로 바꿉니다. 또한, 모든 스크립트를 멈춰 게임을 끝내도록 **제어**에서 블록을 가져와 연결합니다.

19 시작하기 버튼(▶)을 누르고 두 글자 단어나 사전에 없는 단어를 입력해 보세요. 소리와 함께 '땡!'이라 말하고 게임이 종료됩니다.

검토하기

완성된 스크립트를 검토해 봅시다. http://bit.ly/jpubc14에 접속하면 전체 코드를 볼 수 있습니다. 놓친 부분은 없는지 천천히 살펴보세요.

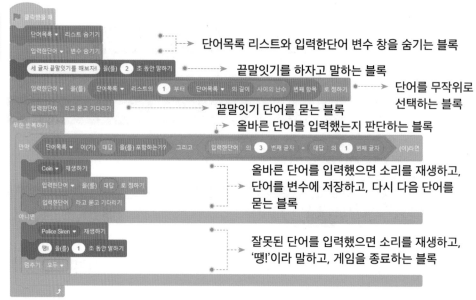

단어목록 리스트와 입력한단어 변수 창을 숨기는 블록

끝말잇기를 하자고 말하는 블록

단어를 무작위로 선택하는 블록

끝말잇기 단어를 묻는 블록

올바른 단어를 입력했는지 판단하는 블록

올바른 단어를 입력했으면 소리를 재생하고, 단어를 변수에 저장하고, 다시 다음 단어를 묻는 블록

잘못된 단어를 입력했으면 소리를 재생하고, '땡!'이라 말하고, 게임을 종료하는 블록

> ### 더 나아가기
>
> ❶ 세 글자가 아닌 단어를 입력했을 때는 '땡!'이 아닌 '세 글자 단어를 입력하세요.'라고 말하게 해봅시다. (힌트: '연산'의 '가위의 길이' 블록을 사용해 보세요.)
>
> ❷ 둘이서 하는 끝말잇기 게임이 아닌 컴퓨터와 대결하는 끝말잇기 게임을 만들어봅시다.

15장

박수 소리로 음악 켜기

학습 목표

음량 블록으로 박수를 쳐서 음악을 켜고 끌 수 있는
프로그램을 만들어봅시다.

프로그래밍 개념

순차 구조, 반복 구조, 선택 구조, 비교 연산, 이벤트,
변수

스크래치 기능

소리

난이도

프로젝트 살펴보기

- 마이크를 연결하고, 프로젝트를 실행한 후 박수를 쳐봅니다.
- 음악이 켜지면 다시 한번 박수를 쳐봅시다.

프로젝트 미리보기

 http://bit.ly/jpubp15

조작 키

 박수

1단계

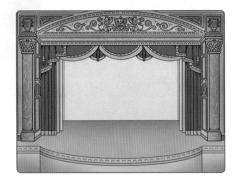

박수를 치면 음악이 나옵니다.

2단계

박수를 한 번 더 치면 음악이 꺼집니다.

개념 다지기

음량 – 마이크로 소리의 크기를 감지해요!

마이크가 있으면 마이크로 소리의 크기를 감지해서 다양한 프로그램을 만들 수 있습니다. 시끄러운 소리가 계속되면 조용히 하도록 경보음을 울리는 프로그램, 소리를 크게 지르면 캐릭터가 빨리 달리는 게임처럼 마이크와 스크래치의 음량 블록을 활용하면 프로그램과 현실 세계를 서로 연결시킬 수 있습니다. 요즘은 노트북에 마이크가 내장된 경우가 많습니다. 마이크가 없는 일반 PC라도 마이크가 내장된 이어폰이 있으면 '음량' 블록을 활용할 수 있습니다.

음량 블록을 사용해 봅시다. 먼저, 마이크를 연결합니다. 다음으로 블록 팔레트에서 음량 블록 옆의 체크박스에 체크하고 권한 요청 창이 뜨면 '허용'을 누릅니다. 크롬 브라우저 창 위에 빨간색 원이 생기면 음량 블록을 사용할 수 있습니다.

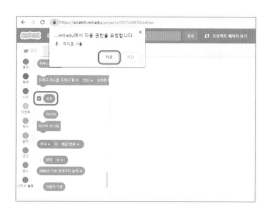 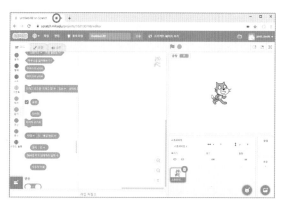

무대에는 음량이 실시간으로 표시됩니다. 마이크 가까이에서 말을 하거나 박수를 치면 음량 값이 변하는 것을 볼 수 있습니다.

만약 마이크 기능이 제대로 동작하지 않으면 크롬 브라우저 주소창 옆의 카메라 버튼을 누릅니다. 마이크가 차단되어 있으면 '계속 허용'으로 바꾼 후 페이지를 '새로 고침' 합니다.

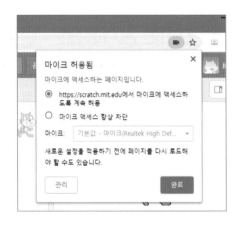

새로운 블록 만나기

 ● ── ● 마이크로 감지한 소리의 크기를 나타냅니다.

예제

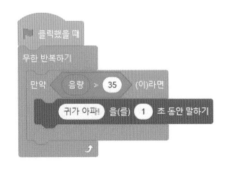

음량 값이 35가 넘어가면 '귀가 아파!'라 말합니다.

프로그래밍하기

1 이 프로젝트에서는 스프라이트를 사
용하지 않습니다. 기본 스프라이트
인 '스프라이트 1'을 삭제하고 필요한
배경을 추가합니다. 배경으로는
'Theater'를 선택합니다.

💡 팁

Theater는 '음악'에 있습니다.

스프라이트와 배경 준비하기

스프라이트와 배경	
이름	Theater
카테고리	음악

1단계 | 박수 치면 음악 켜기

박수를 치면 음악이 나옵니다.

2 박수를 치면 음악이 나오게 해봅시다. 무대 영역에서
Theater 배경을 클릭합니다. 먼저, 처음에는 음악 소
리의 음량을 20%로 정하도록 **이벤트**의  블
록과 **소리**의 음량을 100 %로 정하기 블록을 가져와 연결하고
'100'을 '20'으로 바꿉니다.

3 **소리** 탭에서 'Classical Piano' 소리를 추가합니다. 마이크의 음량이 30이 넘으면 소리를
재생하도록 **제어**의 무한 반복하기 블록과 만약 (이)라면 블록, **연산**의 > 50 블록,
소리의 야옹 ▾ 끝까지 재생하기 블록을 연결하고 다음과 같이 스크립트를 작성합니다.

💡**팁**

음량을 20으로 정한 것은 하나의 예시입니다.
주위 환경마다 음량의 값이 달라질 수 있습니다.
마이크 앞에서 박수를 쳐보고 박수를 쳤을 때 음
량이 대략 어디까지 올라가는지 살펴 그것을 기
준점으로 삼으면 됩니다.

4 블록 팔레트에서 음량 블록 옆의 체
크박스에 체크하고, 권한을 요청하
는 창이 뜨면 '허용'을 누릅니다.

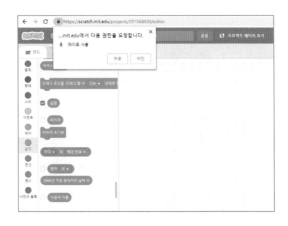

5 시작하기 버튼(🏳)을 누르고 박수를 쳐보세요. 음량이 30이 넘으면 음악 소리가 재생되는 것을 볼 수 있습니다.

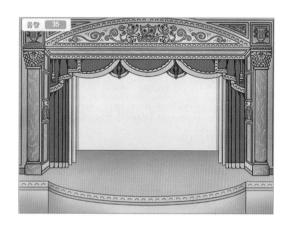

6 박수를 쳤을 때 음악이 켜져 있다면 음악을 끄고, 음악이 꺼져 있으면 음악을 켜도록 해봅시다. 먼저, **변수 – 변수 만들기**를 누르고 '소리상태' 변수를 만듭니다. 음량의 값에 따라 이 변수의 값이 바뀌어 음악을 켜고 끄게 할 것입니다. 조건 영역에 있는 [음량 > 30] 블록을 삭제하고, **연산**에서 [◯ = 50] 블록을 가져와 왼쪽 칸에는 [소리상태] 블록을 넣고, 오른쪽 칸에는 '음악켜짐'이라고 적습니다. 이렇게 하면 [소리상태]에 '음악켜짐'이라는 값이 들어가면 음악을 재생합니다.

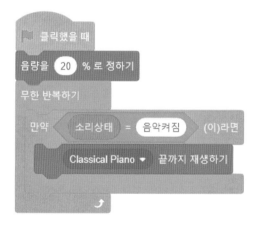

7 처음에는  소리상태 값이 '음악꺼짐'이 되도록 **변수**에서 나의 변수 ▼ 을(를) 0 로 정하기 블록을 가져와 클릭했을 때 블록 바로 아래에 넣고 '나의변수'를 '소리상태'로, '0'은 '음악꺼짐'으로 바꿉니다.

8 이제 음량의 값에 따라 소리상태 변수의 값을 바뀝시다. **이벤트**에서 음량 ▼ > 10 일 때 블록을 가져와 '10'을 '30'으로 바꾸고, **제어**에서 만약 ◆ (이)라면 블록을 가져와 연결합니다.

9 조건 영역에 **연산**의 ◯ = 50 블록을 가져와 왼쪽 칸에는 **변수**의 소리상태 블록을 넣고, 오른쪽 칸에는 '음악꺼짐'이라고 입력합니다.

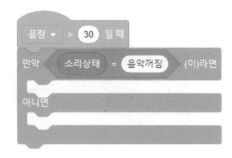

10 변수에서  블록을
2개 가져와 다음과 같이 연결합니다. 시작
하기 버튼(🏳)을 누르면 처음에는 소리상태
에 '음악꺼짐'이 들어 있다가 박수를 치면
'음악켜짐'으로 바뀌고, 한 번 더 박수를
치면 '음악꺼짐'이 들어갑니다. 즉, 박수를
칠 때마다 값이 '음악켜짐'과 '음악꺼짐'으
로 번갈아가며 바뀝니다.

2단계 | 박수로 음악 끄기

박수를 한 번 더 치면 음악이 꺼집니다.

11 앞서 만든 스크립트에서는 박수를 칠 때 음악을 재생하는 부분만 작성하였습니다.
이번에는 박수를 한 번 더 치면 음악이 꺼지게 해봅시다. 이벤트에서 클릭했을 때 블록
을 가져오고 제어의 무한 반복하기 블록과 만약 (이)라면 블록을 연결하여 다음과 같이
스크립트를 작성합니다.

12 박수를 한 번 더 치면 소리상태 에 '음악꺼짐'이 들어갑니다. 이때 소리를 끄도록 조건 영역에 **연산**의 ⬭ = 50 블록을 가져와 왼쪽 칸에는 **변수**의 소리상태 블록을 넣고, 오른쪽 칸에는 '음악꺼짐'이라고 입력합니다. 또 **소리**에서 모든 소리 끄기 블록을 가져와 만약 ⬭ (이)라면 안에 넣습니다.

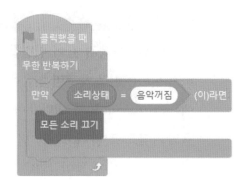

13 시작하기 버튼(🚩)을 누르고 박수를 쳐봅시다. 박수를 칠 때마다 음악이 켜지고 꺼지는 것을 확인할 수 있습니다.

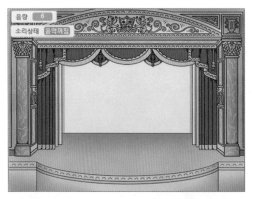
시작하고 박수를 안 친 경우

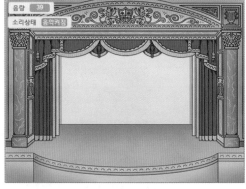
박수를 한 번 친 경우

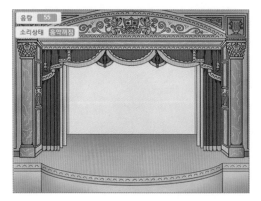
박수를 한 번 더 친 경우

검토하기

완성된 스크립트를 검토해 봅시다. http://bit.ly/jpubc15에 접속하면 전체 코드를 볼 수 있습니다. 놓친 부분은 없는지 천천히 살펴보세요.

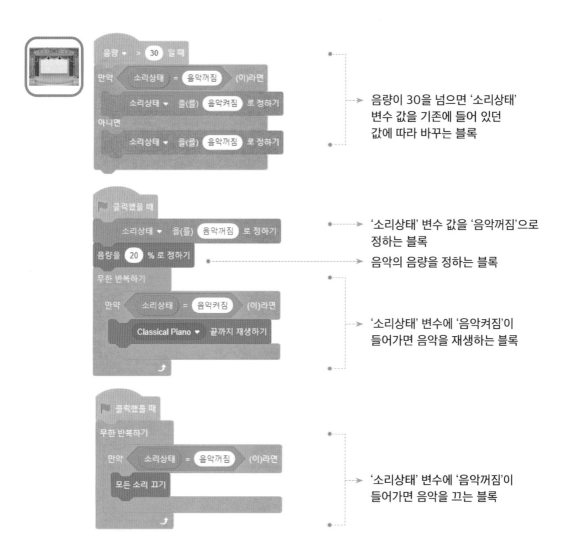

음량이 30을 넘으면 '소리상태' 변수 값을 기존에 들어 있던 값에 따라 바꾸는 블록

'소리상태' 변수 값을 '음악꺼짐'으로 정하는 블록

음악의 음량을 정하는 블록

'소리상태' 변수에 '음악켜짐'이 들어가면 음악을 재생하는 블록

'소리상태' 변수에 '음악꺼짐'이 들어가면 음악을 끄는 블록

더 나아가기

❶ Microphone 스프라이트를 추가하고 음량에 따라 크기가 변하게 해봅시다.

❷ Bell 스프라이트를 추가하고 음악이 켜져 있으면 모양을 보이게 하고, 음악이 꺼져 있으면 모양을 숨기게 해봅시다.

16장

손으로 과일 따기

학습 목표

비디오 블록으로 손을 움직여서 과일을 따는 게임을 만들어봅시다.

프로그래밍 개념

순차 구조, 반복 구조, 비교 연산, 신호, 변수

스크래치 기능

움직이기, 이동하기, 보이기/숨기기, 소리, 기다리기, 멈추기, 복제, 타이머, 비디오

난이도

프로젝트 살펴보기

- 카메라를 연결하고 프로젝트를 실행하여 무대에 나타난 사과를 손으로 잡아봅시다.
- 무대에 나타난 달걀을 손으로 잡아봅니다.

프로젝트 미리보기

http://bit.ly/jpubp16

조작 키

  손

1단계

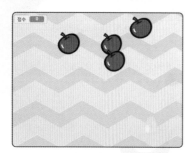

카메라가 켜지고 사과와 달걀이 등장합니다.

2단계

사과를 손으로 잡으면 소리와 함께 점수가 올라갑니다.

3단계

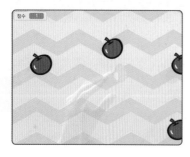

달걀을 손으로 잡으면 소리와 함께 점수가 줄어듭니다.

4단계

20초가 지나면 게임이 끝납니다.

개념 다지기

비디오 - 카메라로 동작을 감지해요!

카메라가 있으면 카메라로 동작을 감지해서 다양한 프로그램을 만들 수 있습니다. 손으로 하는 탁구 게임, 화면에서 날아오는 공을 머리로 받는 게임처럼 카메라와 스크래치의 비디오 블록을 활용하면 프로그램과 현실 세계를 서로 연결해 재미있는 프로젝트를 만들 수 있습니다. 노트북에는 카메라가 내장된 경우가 많습니다. 카메라가 없는 일반 PC는 웹캠을 연결하여 비디오 블록을 활용할 수 있습니다.

비디오 블록을 사용해 봅시다. 먼저, 카메라를 연결합니다. 다음으로 블록 팔레트 하단의 **확장 기능 추가하기**를 클릭하고 비디오 감지를 선택합니다. 비디오 관련 블록이 추가되었습니다. 권한을 요청하는 창이 뜨면 '허용'을 누릅니다.

크롬 브라우저 창 위에 빨간색 원이 생기고, 무대에 카메라에 찍힌 영상이 실시간으로 표시되면 비디오 블록이 정상적으로 작동되는 것입니다.

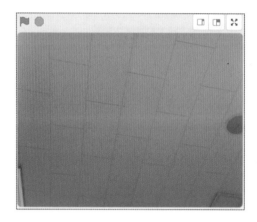

만약 위와 같이 동작하지 않는다면 크롬 브라우저 주소 창 옆의 카메라 버튼을 누릅니다. 카메라가 차단되어 있으면 '계속 허용'으로 바꾸고 페이지를 '새로 고침' 합니다.

새로운 블록 만나기

비디오 동작 > 10 일 때
- 비디오의 동작 값이 입력한 값을 넘으면 아래에 연결된 블록을 실행합니다.

비디오 동작 ▼ 에 대한 스프라이트 ▼ 에서의 관찰값
- 비디오의 동작을 선택한 스프라이트에서 관찰한 값입니다. (즉, 비디오의 동작이 선택한 스프라이트에 닿으면 값이 올라갑니다.)

비디오 켜기 ▼
- 비디오를 켜거나 끕니다.

비디오 투명도를 50 (으)로 정하기
- 비디오 화면의 투명도를 설정합니다.

예제

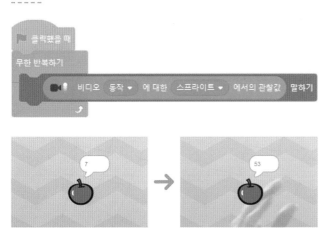

사과가 손에 닿지 않았을 때는 관찰값이 0~7 사이의 값이었다가 손에 닿으면 값이 50 정도로 올라갑니다.

프로그래밍하기

1 기본 스프라이트인 '스프라이트 1'을
   삭제하고, 'Apple'과 'Egg'를 추가합
   니다.

   💡팁
   > Apple과 Egg는 '음식'에 있습니다.

2 필요한 배경을 추가합니다. 배경으로
   는 'Stripes'를 선택합니다.

   💡팁
   > Stripes는 '패턴'에 있습니다.

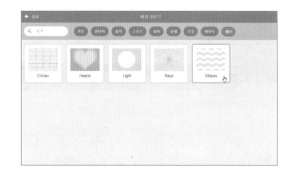

3 다음과 같이 스프라이트의 위치와
   크기를 변경합니다.

   💡팁
   > 자세한 위치와 크기는 스프라이트와 배경 준비하
   > 기를 확인합니다.

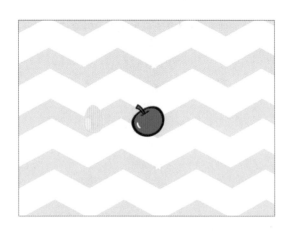

스프라이트와 배경 준비하기

스프라이트와 배경			
이름	Apple	Egg	Stripes
카테고리	음식	음식	패턴
x	0	-100	
y	0	0	
크기	100	100	

1단계 | 카메라를 켜고, 사과와 달걀 등장하기

① 자신을 4번 복제합니다.
② 복제되면 무작위 위치로 이동합니다.

① 무작위 위치로 이동합니다.
② 5초 기다립니다.

• • • • ·····▶ 무한 반복

① 카메라를 켭니다.
② 카메라 투명도를 조절합니다.

4 카메라를 켜기 위해 비디오 기능을 불러와 봅시다. 블록 팔레트 하단의 **확장 기능 추가하기**를 클릭하고 **비디오 감지**를 선택합니다. 이때 권한을 요청하는 창이 뜨면 '허용'을 누릅니다.

5 카메라를 켜고 영상 화면을 조금 투명하게 만들어봅시다. 무대 영역의 Stripes를 선택하고, **이벤트**의 ▶클릭했을때 블록을 가져옵니다. **비디오**에서 🎥비디오 켜기▼ 블록과 🎥비디오 투명도를 50 (으)로 정하기 블록을 가져와 연결하고 '50'을 '80'으로 바꿉니다.

6 이제 사과 4개가 화면의 무작위 위치에서 등장하게 해봅시다. Apple 스프라이트를 클릭하고, **이벤트**의 ▶클릭했을때 블록, **제어**의 10 번 반복하기 블록, 나 자신▼ 복제하기 블록을 가져와 다음과 같이 스크립트를 작성합니다.

7 복제본이 복제되었을 때 무작위 위치로 이동 하도록 **제어**의  블록과 **동작**의 블록을 연결합니다.

8 시작하기 버튼(🏳)을 누르면 사과가 5개가 나옵니다. 원본이 화면 중앙에 그대로 있기 때문입니다. 복제가 끝나면 원본은 숨기고, (복제를 해야 하므로) 시작할 때만 원본이 보이 도록 **형태**의 블록과 블록을 다음 과 같이 추가합니다.

9 이번엔 달걀이 5초마다 무작위 위치에 나타 나게 해 봅시다. Egg 스프라이트를 클릭하 고, 다음과 같이 스크립트를 작성합니다.

10 시작하기 버튼(🚩)을 누르면 카메라
가 켜져 무대에 카메라의 화면이 나
타납니다. 그리고 사과 4개와 달걀 1
개가 무작위 위치에 나타납니다.

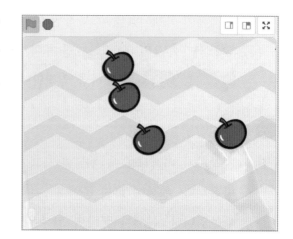

2단계	**손으로 사과를 잡으면 점수 올리기** **– 손으로 사과를 잡으면 소리와 함께 점수가 올라갑니다.**

1️⃣ 손으로 사과를 잡으면 점수를 1만큼 올린다.

2️⃣ 소리를 재생한다.

3️⃣ 모양을 숨겼다가 무작위 위치에서 다시 나타난다.

11 사과를 손으로 잡았는지 판단하는 스크립트를 작성해 봅시다. **8**에서 만든 스크립트 아래에 **제어**의 무한 반복하기 블록과 만약 (이)라면 블록을 연결합니다. 조건 영역에는 **연산**에서 > 50 블록을 넣은 후 왼쪽 칸에는 **비디오 감지**의 비디오 동작 에 대한 스프라이트 에서의 관찰값 블록을, 오른쪽 칸에는 '20'을 넣습니다.

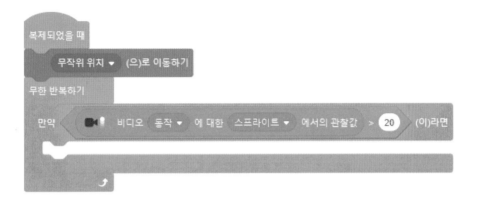

💡**팁**

여기서는 비디오 동작에 대한 스프라이트에서의 관찰값을 '20'으로 넣었습니다. 이 값은 주위 환경에 따라 달라질 수 있으니 아래와 같이 스크립트를 작성하여 스프라이트에 손이 닿았을 때 대략 어느 정도까지 값이 올라가는지 판단해서 그 값으로 수정하면 됩니다.

12 사과를 손으로 잡았을 때 점수가 1점씩 올라가도록 **변수 – 변수 만들기**에서 '점수' 변수를 만들고, **변수**에서 [나의 변수 ▾ 을(를) 1 만큼 바꾸기] 블록을 가져와 [만약 ◯ (이)라면] 블록 안에 넣습니다. 이때 '나의변수'를 '점수'로 바꿉니다. 그리고 소리를 재생하도록 **소리**의 [Chomp ▾ 재생하기] 블록을 연결합니다.

```
복제되었을 때
    무작위 위치 ▾ (으)로 이동하기
무한 반복하기
    만약   ◉ 비디오 동작 ▾ 에 대한 스프라이트 ▾ 에서의 관찰값 > 20 (이)라면
        점수 ▾ 을(를) 1 만큼 바꾸기
        Chomp ▾ 재생하기
```

💡**팁**

Apple 스프라이트에는 Chomp 소리를 재생하도록 했습니다.

13 사과를 잡으면 모양을 숨겼다가 무작위 위치에서 다시 나타나도록 다음과 같이 스크립트를 완성합니다.

```
복제되었을 때
    무작위 위치 ▾ (으)로 이동하기
무한 반복하기
    만약   ◉ 비디오 동작 ▾ 에 대한 스프라이트 ▾ 에서의 관찰값 > 20 (이)라면
        점수 ▾ 을(를) 1 만큼 바꾸기
        Chomp ▾ 재생하기
        숨기기
            1 초 기다리기
        무작위 위치 ▾ (으)로 이동하기
        보이기
```

14 시작하기 버튼(⚑)을 누르고 사과를 손으로 잡아봅시다. 점수가 오르고 소리가 나면서 사과의 위치가 바뀌는 것을 확인할 수 있습니다.

3단계 | **달걀을 잡으면 점수 깎기 – 손으로 달걀을 잡으면 소리와 함께 점수가 줄어듭니다.**

1️⃣ 손으로 달걀을 잡으면 점수를 5만큼 깎는다.
2️⃣ 소리를 재생한다.
3️⃣ 모양을 숨겼다가 무작위 위치에서 다시 나타난다.

15 손으로 달걀을 잡으면 점수가 5만큼 깎이고 소리를 내며 무작위 위치로 이동하게 해봅시다. Egg 스프라이트를 선택하고 스크립트 **11~13**을 참고하여 다음과 같이 스크립트를 작성합니다.

```
⚑ 클릭했을 때
무한 반복하기
  만약  📹 비디오 동작 ▾ 에 대한 스프라이트 ▾ 에서의 관찰값 > 20 (이)라면
    점수 ▾ 을(를) -5 만큼 바꾸기
    Bonk ▾ 재생하기
    숨기기
    1 초 기다리기
    무작위 위치 ▾ (으)로 이동하기
    보이기
```

💡팁
Egg 스프라이트에는 Bonk 소리를 재생하도록 했습니다.

20초가 지나면 게임이 끝납니다.

16 게임이 끝나고 다시 시작할 때 항상 점
수가 0에서 시작하도록 해봅시다. 무대
영역의 Stripes를 선택하고, **변수**에서
나의 변수 ▾ 을(를) 0 로 정하기 블록을 가져와
'나의변수'를 '점수'로 바꿉니다.

17 20초가 지나면 게임이 끝나게 해봅시다. **이벤트**의 음량 ▾ > 10 일 때 블록을 가져와 '음
량'을 '타이머'로 고치고 '10'을 '20'으로 바꿉니다. 그리고 '게임끝' 신호를 만들기 위
해 메시지1 ▾ 신호 보내고 기다리기 블록을 연결하고, '메시지1'을 눌러 '게임끝' 신호를 만듭니
다. 이 신호는 사과와 달걀의 모양을 숨기는 데 사용될 것입니다. 마지막으로, 동작
하는 모든 스크립트를 멈추도록 **제어**에서 멈추기 모두 ▾ 블록을 연결합니다.

💡**팁**

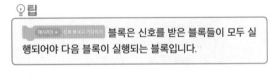

254 16장 **손으로 과일 따기**

18 사과와 달걀은 '게임끝' 신호를 받으면 모양을 숨기도록 각 스프라이트를 클릭하고 다음과 같은 스크립트를 추가합니다.

19 게임이 끝나고 다시 시작할 때는 사과와 달걀의 모양이 모두 보이게 해봅시다. Egg 스프라이트를 클릭하고, **9**에 **형태**의 블록을 추가합니다.

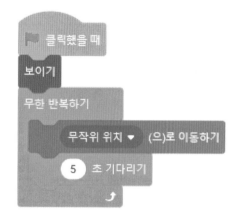

💡**팁**

사과는 이미 **7**에서 🏳️ 블록을 추가했습니다.

20 시작하기 버튼(🏳️)을 누르고 게임을 해봅시다. 20초가 지나면 게임이 끝나는 것을 볼 수 있습니다.

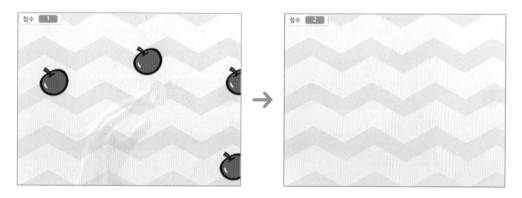

검토하기

완성된 스크립트를 검토해 봅시다. http://bit.ly/jpubc16에 접속하면 전체 코드를 볼 수 있습니다. 놓친 부분은 없는지 천천히 살펴보세요.

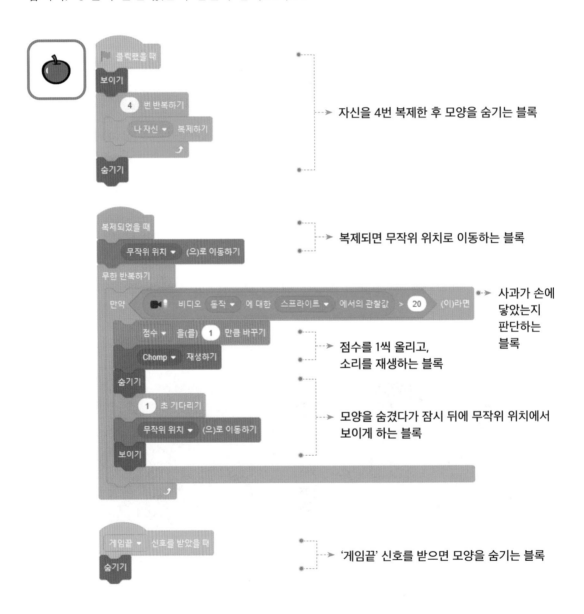

자신을 4번 복제한 후 모양을 숨기는 블록

복제되면 무작위 위치로 이동하는 블록

사과가 손에 닿았는지 판단하는 블록

점수를 1씩 올리고, 소리를 재생하는 블록

모양을 숨겼다가 잠시 뒤에 무작위 위치에서 보이게 하는 블록

'게임끝' 신호를 받으면 모양을 숨기는 블록

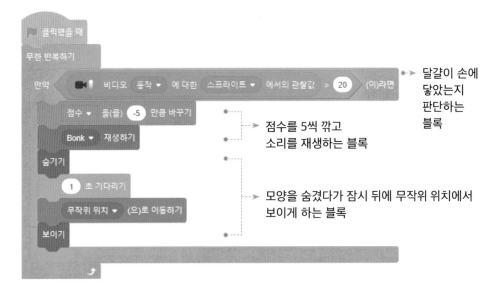

5초마다 무작위 위치로 이동하는 블록

달걀이 손에 닿았는지 판단하는 블록

점수를 5씩 깎고 소리를 재생하는 블록

모양을 숨겼다가 잠시 뒤에 무작위 위치에서 보이게 하는 블록

'게임끝' 신호를 받으면 모양을 숨기는 블록

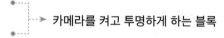 카메라를 켜고 투명하게 하는 블록

점수를 0으로 초기화하는 블록

20초가 지나면 '게임끝' 신호를 보내는 블록

모든 스크립트를 멈추는 블록

더 나아가기

❶ Bat 스프라이트를 추가하고 Bat가 손에 닿으면 비디오가 5초 동안 보이지 않게 해봅시다.

❷ 손이 달걀에 닿을 때마다 비디오 화면이 점점 안 보이게 해봅시다.

17장

번역 로봇

학습 목표

번역 블록을 사용하여 문장을 입력하면 선택한 언어
로 번역해 주는 프로그램을 만들어봅시다.

프로그래밍 개념

순차 구조, 신호, 이벤트

스크래치 기능

말하기, 묻고 기다리기, 번역, Text to Speech

난이도

프로젝트 살펴보기

- 번역할 언어를 선택합니다.
- 번역할 문장을 입력합니다.

프로젝트 미리보기

http://bit.ly/jpubp17

조작 키

키보드

1단계

번역 로봇이 소개를 합니다.

2단계

번역할 언어를 선택하면 번역할 문장을 입력받습니다.

3단계

번역된 문장이 화면에 나타나고, 해당 문장을 읽어 줍니다.

개념 다지기

번역 – 여러 언어로 문장을 번역해요!

이 블록을 활용하면 60여 개의 언어로 문장이나 단어를 번역할 수 있습니다.

새로운 블록 만나기

• • 입력한 텍스트를 선택한 언어로 번역합니다.

• • 현재 사용자가 사용하는 언어를 나타냅니다

예제

'만나서 반갑습니다.'를 영어로 번역
하여 화면에 나타냅니다.

현재 사용하는 언어인 '한국어'를 화
면에 나타냅니다.

텍스트 음성 변환 – 텍스트를 소리 내어 읽어줘요!

이 블록을 활용하면 20여 개 언어의 문장이나 단어를 소리 내어 읽어줍니다.

새로운 블록 만나기

입력한 단어나 문장을 소리 내어 말합니다.

선택한 음성으로 단어나 문장을 말합니다.

선택한 언어로 단어나 문장을 말합니다.

예제

'hello'를 고음으로 소리 내어 말합니다.

프로그래밍하기

1. 기본 스프라이트인 '스프라이트 1'을 삭제하고, 'Retro Robot'과 'Button3'을 추가합니다. Button3은 두 개를 추가합니다.

💡팁

Retro Robot과 Button3는 '모두'에 있습니다. Button3를 두 개 추가하면 나중에 추가한 Button3가 Button2로 바뀝니다. 그러나 스프라이트 이름은 여러분이 원하는 대로 고쳐도 좋습니다.

2. Button3 스프라이트를 '영어' 버튼으로 수정해 봅시다. Button3 스프라이트를 선택하고 **모양** 탭을 클릭합니다.

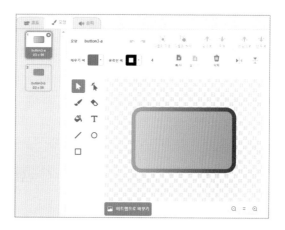

3 텍스트(**T**)를 클릭하고 '채우기 색'을 '흰색'으로 선택합니다. 마우스를 클릭하여 텍스트 입력 칸을 만들고, '영어'라고 입력합니다. 그리고 텍스트 테두리를 눌러 다음과 같이 텍스트 크기를 버튼 크기와 어울리도록 변경합니다.

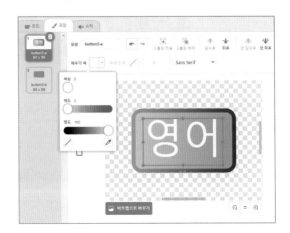

4 다른 하나의 Button 스트라이프를 선택하고, **3**을 참고하여 '일본어' 버튼을 만듭니다.

5 배경으로는 'Space City 1'을 선택합니다.

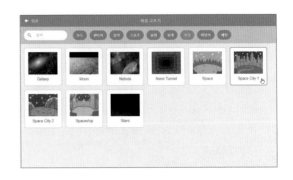

6 다음과 같이 스프라이트의 위치와
크기를 변경합니다.

💡**팁**

자세한 위치와 크기는 스프라이트와 배경 준비하
기를 확인합니다.

스프라이트와 배경 준비하기

스프라이트와 배경	![Retro Robot]	![영어 Button3]	![일본어 Button2]	![Space City 1]
이름	Retro Robot	Button3	Button2	Space City 1
카테고리	모두			우주
x	150	-160	-50	
y	-85	130	130	
크기	100	100	100	

1단계 │ 번역 로봇 소개하기

번역 로봇이 자신을 소개합니다.

7 프로젝트가 시작되면 번역 로봇이 소개를 하도록 **이벤트**에서 [클릭했을 때] 블록을 가져와 **형태**의 [안녕! 말하기] 블록을 연결합니다. 이때 '안녕!'을 '무엇이든 번역해 드립니다. 원하는 언어를 선택하세요.'로 바꿉니다.

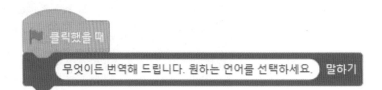

2단계 | 번역할 언어 입력받기 – 번역할 언어를 선택하면 번역할 문장을 입력받습니다.

영어   **1** 스프라이트를 클릭하면 '영어' 신호를 보냅니다.

일본어   **1** 스프라이트를 클릭하면 '일본어' 신호를 보냅니다.

    1 '영어'나 '일본어' 신호를 받으면 문장을 입력받습니다.

8 영어나 일본어 버튼을 누르면 '영어', '일본어' 신호를 보내게 해봅시다. 각 스프라이트를 클릭한 후 **이벤트**의 `이 스프라이트를 클릭했을 때` 블록과 `메시지1 ▼ 신호 보내기` 블록을 가져와 연결한 후 각각 '영어'와 '일본어' 신호를 만듭니다.

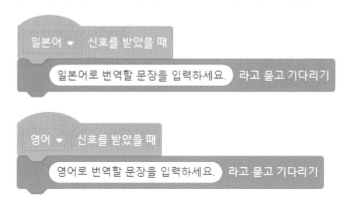

9 로봇이 신호를 받으면 해당 언어의 문장을 입력받게 해봅시다. Retro Robot 스프라이트를 누르고 **이벤트**의 `메시지1 ▼ 신호를 받았을 때` 블록과 **감지**의 `너 이름이 뭐니? 라고 묻고 기다리기` 블록을 연결하여 다음과 같이 스크립트를 작성합니다.

일본어 ▼ 신호를 받았을 때
　일본어로 번역할 문장을 입력하세요. 라고 묻고 기다리기

영어 ▼ 신호를 받았을 때
　영어로 번역할 문장을 입력하세요. 라고 묻고 기다리기

10 시작하기 버튼(🏳)을 누르고 영어 버튼을 누르면 번역할 문장을 입력받습니다.

3단계 | 번역된 문장을 보여주고 읽어주기

번역된 문장이 화면에 나타나고, 해당 문장을 읽어줍니다.

11 번역과 문장을 읽어주기 위한 확장 블록을 불러와 봅시다. 블록 팔레트 하단의 **확장 기능 추가하기**를 클릭하고 **번역**과 **텍스트 음성 변환(TTS)**을 차례로 추가하면, **번역**과 **Text To Speech** 카테고리가 생성됩니다.

 →

12 '영어' 신호를 받았을 때 '저음'으로 '영어'를 읽어주도록 해봅시다. Text To Speech에서 ![음성을 중고음으로 정하기] 블록과 ![언어를 Korean으로 정하기] 블록을 가져와 연결하고, '중고음'을 '저음'으로, 'Korean'을 'English'로 바꿉니다.

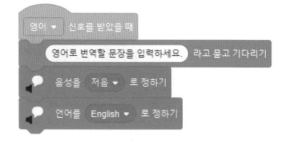

💡**팁**

음성을 여러분이 원하는 것으로 선택해 보세요.

13 번역된 문장을 화면에 보여주도록 **형태**에서 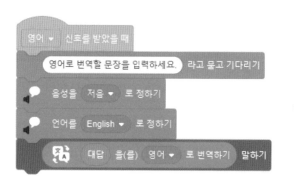 블록을 연결합니다. 말하기 블록의 '안녕!'에는 **번역**의 블록을 넣습니다. 그리고 이 번역 블록의 '안녕'에는 **감지**의 블록을 넣습니다. 이제 사용자가 입력한 문장이 '대답'에 저장되고, 그 문장을 영어로 번역하여 보여줍니다.

💡 **팁**

형태에 있는 블록은 화면에 '안녕!'을 말풍선 모양으로 보여주는 블록입니다. 바로 뒤에 나오는 Text To Speech의 블록처럼 실제로 소리를 내어 말하지 않습니다.

14 마지막으로, 번역된 문장을 소리 내어 읽도록 해봅시다. Text To Speech에서 블록을 가져와 **13**처럼 'hello'에 **번역**의 와 **감지**의 을 합친 블록을 넣습니다

15 시작하기 버튼(🏁)을 누르고 '영어' 버튼을 누른 다음, 한글로 문장을 입력해 보세요. 번역된 문장이 화면에 나타나고, 번역된 문장도 읽어줍니다.

16 12~14를 참고하여 '일본어' 신호를 받았을 때 '고음'으로 '일본어'를 읽어 주도록 스크립트를 작성해 보세요.

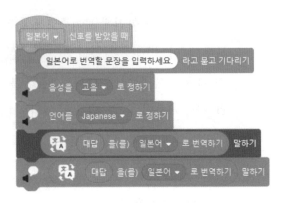

검토하기

완성된 스크립트를 검토해 봅시다. http://bit.ly/jpubc17에 접속하면 전체 코드를 볼 수 있습니다. 놓친 부분은 없는지 천천히 살펴보세요.

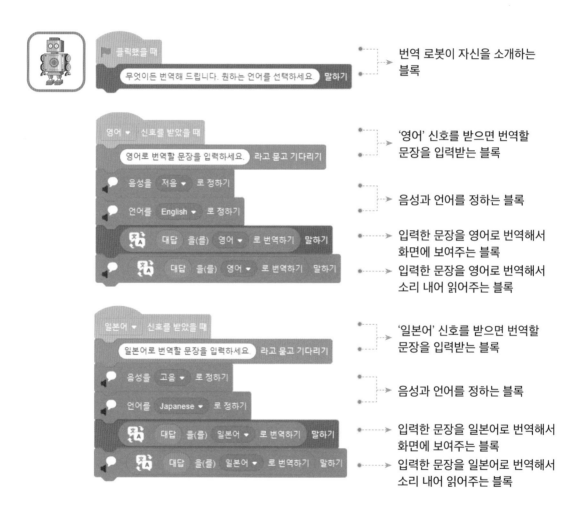

번역 로봇이 자신을 소개하는 블록

'영어' 신호를 받으면 번역할 문장을 입력받는 블록

음성과 언어를 정하는 블록

입력한 문장을 영어로 번역해서 화면에 보여주는 블록

입력한 문장을 영어로 번역해서 소리 내어 읽어주는 블록

'일본어' 신호를 받으면 번역할 문장을 입력받는 블록

음성과 언어를 정하는 블록

입력한 문장을 일본어로 번역해서 화면에 보여주는 블록

입력한 문장을 일본어로 번역해서 소리 내어 읽어주는 블록

 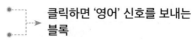

클릭하면 '영어' 신호를 보내는
블록

클릭하면 '일본어' 신호를 보내는
블록

더 나아가기

① '중국어' 버튼을 만들어 중국어로 번역해 주는 블록을 만들어봅시다.

② '퀴즈' 버튼을 만들어 한국어 단어를 입력한 후 해당 단어의 영어 표현을 입력했을 때 정답인지
아닌지 알려주는 블록을 만들어봅시다.

4부

완성도
높이기

18장

야구 게임

학습 목표

빠르게 날아오는 공을 망방이로 맞춰 점수를 얻는 야구 게임을 만들고 수정해 봅시다.

프로그래밍 개념

순차 구조, 반복 구조, 선택 구조, 비교 연산, 변수

스크래치 기능

이동하기, 말하기, 모양, 보이기/숨기기, 소리,
기다리기, 멈추기, 감지, 난수

난이도

★★★★★

- 마우스를 클릭해서 공을 쳐봅시다.
- 횟수가 0이 되었을 때 공을 쳐봅시다.

프로젝트 미리보기

http://bit.ly/jpubp18

조작 키

마우스

1단계

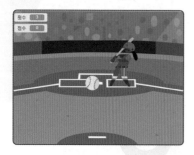

공이 무작위 속도와 위치로 날아옵니다.

2단계

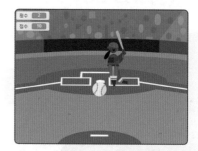

공이 방망이에 맞으면 횟수가 1만큼 줄어들고, 점수가 10만큼 올라가고, 공이 날아갑니다.

3단계

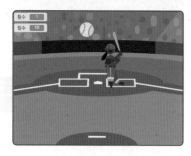

공이 방망이에 맞지 않으면 횟수가 1만큼 줄어들고 점수는 변하지 않습니다.

4단계

횟수가 0이 되면 게임이 끝납니다.

스크립트 살펴보기

완성된 스크립트를 검토해 봅시다. http://bit.ly/jpubc18에 접속하면 전체 코드를 볼 수 있습니다.

스프라이트와 배경 준비하기

스프라이트와 배경			
이름	Baseball	Batter	Baseball 1
카테고리	스포츠	스포츠	스포츠
x	-20	64	
y	-162	42	
크기	70	80	

Baseball

| 클릭했을 때 |
| 숨기기 | → 공을 숨기는 블록 |
| 무한 반복하기 |
| x: -20 y: -162 (으)로 이동하기 | → 공을 무대 아래쪽으로 이동한 후 다시 보이게 하는 블록 |
| 보이기 |
| 0.3 부터 1.2 사이의 난수 초 동안 x: -80 부터 -20 사이의 난수 y: 160 (으)로 이동하기 |
| 숨기기 | → 공이 타자를 향해서 무작위 속도와 무작위 위치로 날아가게 하는 블록 |
| 1 초 기다리기 | → 모양을 숨기고 잠시 기다리는 블록 |

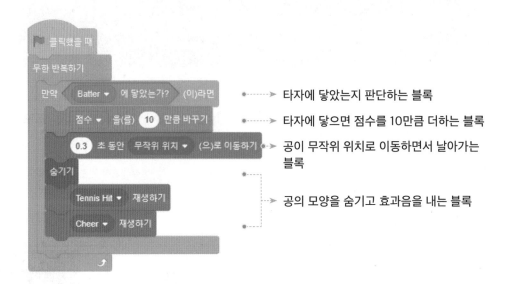

타자에 닿았는지 판단하는 블록

타자에 닿으면 점수를 10만큼 더하는 블록

공이 무작위 위치로 이동하면서 날아가는 블록

공의 모양을 숨기고 효과음을 내는 블록

Batter

점수와 횟수를 각각 0과 3으로 정하고, 타자를 원래 위치로 이동시키는 블록

마우스를 클릭했는지 판단하는 블록

마우스를 클릭하면 '횟수'를 1씩 줄이는 블록

타자의 모양을 천천히 바꾸며 공을 치는 것처럼 보여주는 블록

횟수가 1보다 작아지면 게임을 끝내는 블록

더 나아가기

❶ 진짜 야구처럼 공이 타자 쪽에 매우 가까이 왔을 때만(스트라이크 존) 점수가 올라가도록 해봅시다.

❷ 공을 쳤을 때는 횟수가 줄어들지 않게 해봅시다.

프로젝트 수정하기

1 | 진짜 야구처럼 공이 타자 쪽에 매우 가까이 왔을 때만(스트라이크 존)
점수가 올라가도록 해봅시다.

Baseball

```
클릭했을 때
무한 반복하기
  만약  Batter ▼  에 닿았는가?  (이)라면
    만약  Batter ▼  까지의 거리  >  80   그리고   90  >  Batter ▼  까지의 거리   (이)라면
      점수 ▼  을(를)  10  만큼 바꾸기
      0.3  초 동안  무작위 위치 ▼  (으)로 이동하기
      숨기기
      Tennis Hit ▼  재생하기
      Cheer ▼  재생하기
```

• - - - - - ▶ 공이 타자에 닿았는지 판단하는 블록

- - - - - - - ▶ 타자와 공의 거리를 판단하는 블록

- - - - - - - ▶ 점수를 10만큼 더하는 블록

- - - - - - - ▶ 공이 무작위 위치로 이동하면서
날아가는 블록

- - - - - - - ▶ 공의 모양을 숨기고 효과음을 내는
블록

감지의 Batter ▼ 까지의 거리 블록은 타자와 공의 거리를 나타냅니다. Baseball 스프라이트에 다음과 같은 스크립트를 작성하고 무대에서 Baseball 스프라이트의 위치를 옮겨보세요. 공이 타자 쪽에 가까이 있을 때의 거리가 대략 80~90 사이임을 알 수 있습니다.

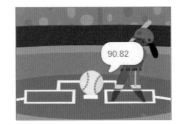

따라서 공에 닿았을 때, 공과 타자와의 거리가 80 초과 90 미만인 경우에만 점수를 올리도록 **제어**의  블록을 연결하고 조건 영역을 다음과 같이 채웁니다.

Batter ▾ 까지의 거리 > 80   그리고   90 > Batter ▾ 까지의 거리

---

2 | 공을 쳤을 때는 횟수가 줄어들지 않게 해봅시다.

Baseball

▶ 클릭했을 때

무한 반복하기

만약 Batter ▾ 에 닿았는가? (이)라면 ········▶ 공이 타자에 닿았는지 판단하는 블록

  만약 Batter ▾ 까지의 거리 > 80   그리고   90 > Batter ▾ 까지의 거리 (이)라면

    점수 ▾ 을(를) 10 만큼 바꾸기 ········▶ 타자와 공의 거리를 판단하는 블록
                                          ▶ 점수를 10만큼 더하는 블록
    횟수 ▾ 을(를) 1 만큼 바꾸기 ········▶ 횟수를 1만큼 더하는 블록

    0.3 초 동안 무작위 위치 ▾ (으)로 이동하기 ········▶ 공이 무작위 위치로 이동하면서
                                                        날아가는 블록
    숨기기   ▶ 공의 모양을 숨기고 효과음을 내는
                                               블록
    Tennis Hit ▾ 재생하기

    Cheer ▾ 재생하기

원래 프로젝트에서는 공을 치는 것과 관계없이 마우스를 클릭할 때마다 횟수가 무조건 1씩 줄어들었습니다. 여기서는 공을 쳤을 때 횟수가 줄어들지 않도록 횟수에 1을 더하는 블록을 추가합니다.

19장

괴물 막기 게임

학습 목표

달려오는 괴물을 막는 게임을 만들고 수정해 봅시다.

프로그래밍 개념

순차 구조, 반복 구조, 선택 구조, 비교 연산,
논리 연산, 변수

스크래치 기능

이동하기, 좌표, 모양, 크기, 순서, 보이기/숨기기,
소리, 기다리기, 멈추기, 복제, 난수

난이도

- 마우스로 괴물들을 클릭해 봅시다.
- 괴물의 모양과 움직임을 살펴봅시다.
- 괴물이 무대 아래쪽에 닿았을 때 어떻게 되는지 살펴봅시다.

프로젝트 미리보기

http://bit.ly/jpubp19

조작 키

 마우스

1단계

괴물이 무작위 위치에서 나타나 점점 다가옵니다.

2단계

마우스로 괴물을 클릭하면 소리를 내며 사라지고 점수가 1씩 올라갑니다.

3단계

1~3초마다 화면이 1~3초 동안 가려집니다.

4단계

괴물이 무대 아래쪽에 닿으면 게임이 끝납니다.

스크립트 살펴보기

완성된 스크립트를 검토해 봅시다. http://bit.ly/jpubc19에 접속하면 전체 코드를 볼 수 있습니다.

스프라이트와 배경 준비하기

스프라이트와 배경				
이름	Frank	Skeleton	암막	Woods
카테고리	판타지	판타지		실외
x	0	0	0	
y	0	0	0	
크기	10	10	100	

💡팁

'암막' 스프라이트는 스프라이트 그리기에서 큰 사각형을 그린 뒤, 검은색으로 색칠해서 만들 수 있습니다.

Frank

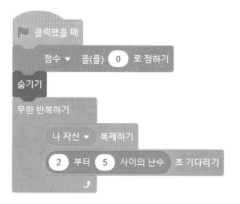

처음에 점수를 0으로 정하고 모양을 숨기는 블록

2~5초마다 자신을 복제하는 블록

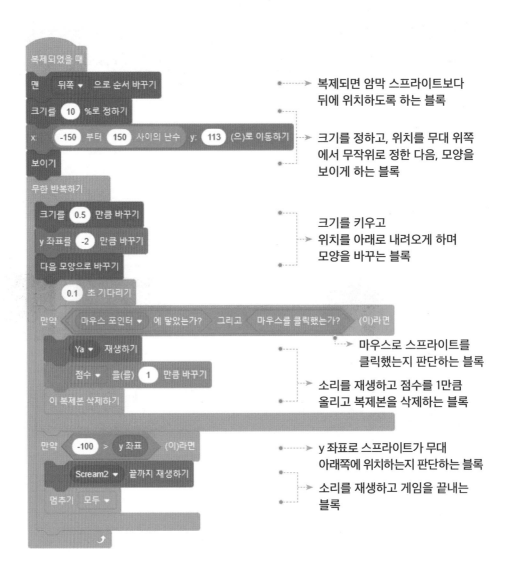

복제되었을 때

맨 뒤쪽 ▼ 으로 순서 바꾸기 ●······▶ 복제되면 암막 스프라이트보다
                                              뒤에 위치하도록 하는 블록

크기를 10 %로 정하기 ●······┐

x: -150 부터 150 사이의 난수 y: 113 (으)로 이동하기 ●······▶ 크기를 정하고, 위치를 무대 위쪽
                                              에서 무작위로 정한 다음, 모양을
보이기 ●······┘   보이게 하는 블록

무한 반복하기

　크기를 0.5 만큼 바꾸기 ●······┐

　y 좌표를 -2 만큼 바꾸기 ●······▶ 크기를 키우고
                                      위치를 아래로 내려오게 하며
　다음 모양으로 바꾸기 ●······┘   모양을 바꾸는 블록

　0.1 초 기다리기

　만약 마우스 포인터 ▼ 에 닿았는가? 그리고 마우스를 클릭했는가? (이)라면

　　Ya ▼ 재생하기 ●······▶ 마우스로 스프라이트를
                              클릭했는지 판단하는 블록

　　점수 ▼ 을(를) 1 만큼 바꾸기 ●······▶ 소리를 재생하고 점수를 1만큼
                                              올리고 복제본을 삭제하는 블록
　이 복제본 삭제하기 ●······┘

　만약 -100 > y 좌표 (이)라면 ●······▶ y 좌표로 스프라이트가 무대
                                          아래쪽에 위치하는지 판단하는 블록

　　Scream2 ▼ 끝까지 재생하기 ●······▶ 소리를 재생하고 게임을 끝내는
                                          블록
　멈추기 모두 ▼ ●······┘

Skeleton

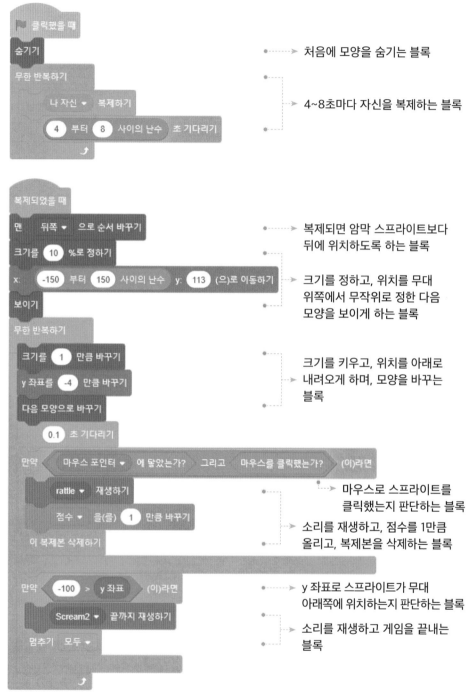

처음에 모양을 숨기는 블록

4~8초마다 자신을 복제하는 블록

복제되면 암막 스프라이트보다 뒤에 위치하도록 하는 블록

크기를 정하고, 위치를 무대 위쪽에서 무작위로 정한 다음 모양을 보이게 하는 블록

크기를 키우고, 위치를 아래로 내려오게 하며, 모양을 바꾸는 블록

마우스로 스프라이트를 클릭했는지 판단하는 블록

소리를 재생하고, 점수를 1만큼 올리고, 복제본을 삭제하는 블록

y 좌표로 스프라이트가 무대 아래쪽에 위치하는지 판단하는 블록

소리를 재생하고 게임을 끝내는 블록

암막

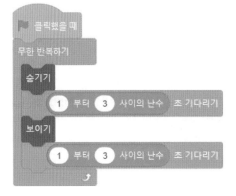

1~3초 동안 모양을 숨기고 보이기를 반복하며 화면을 가리는 블록

Woods

배경 음악을 계속 재생하는 블록

더 나아가기

❶ 처음에 클릭할 수 있는 횟수를 10으로 정하고, 마우스를 클릭하면 횟수가 1씩 줄어들게 해 봅시다.

❷ 횟수가 0일 때는 괴물을 클릭해도 괴물이 사라지지 않게 해봅시다.

❸ 키보드에서 스페이스를 누르면 횟수를 10으로 충전하게 해봅시다. 이 블록은 5초에 한 번만 사용할 수 있게 해봅시다.

프로젝트 수정하기

1 │ 처음에 클릭할 수 있는 횟수를 10으로 정하고, 마우스를 클릭하면 횟수가 1씩 줄어들게 해봅시다.

Frank

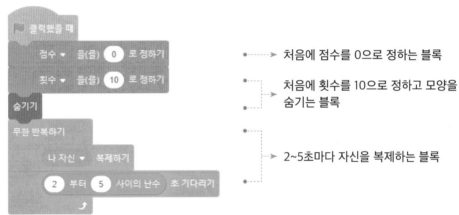

클릭했을 때

점수 ▼ 을(를) 0 로 정하기 •·····▶ 처음에 점수를 0으로 정하는 블록

횟수 ▼ 을(를) 10 로 정하기 ·····▶ 처음에 횟수를 10으로 정하고 모양을 숨기는 블록

숨기기

무한 반복하기

나 자신 ▼ 복제하기 ·····▶ 2~5초마다 자신을 복제하는 블록

2 부터 5 사이의 난수 초 기다리기

'횟수' 변수를 만들어 프로젝트를 시작했을 때 횟수 변수가 10이 되도록 블록을 추가합니다.

Woods

클릭했을 때

무한 반복하기

만약 마우스를 클릭했는가? 그리고 횟수 > 0 (이)라면 •·····▶ 마우스를 클릭했을 때 횟수가 0보다 크면 횟수를 1씩 줄이는 블록

횟수 ▼ 을(를) -1 만큼 바꾸기

0.3 초 기다리기

마우스를 클릭했을 때 횟수가 0보다 크면 횟수가 1씩 줄어들도록 블록을 추가합니다.
0.3 초 기다리기 블록이 없으면 마우스를 클릭한 순간에 명령어가 여러 번 실행되기 때문에
순식간에 횟수가 0이 됩니다. 따라서 명령어가 천천히 실행되도록 기다리기 블록을 넣어주
어야 합니다.

2 | 횟수가 0일 때는 괴물들을 클릭해도 괴물이 사라지지 않게 해봅시다.

Frank, Skeleton

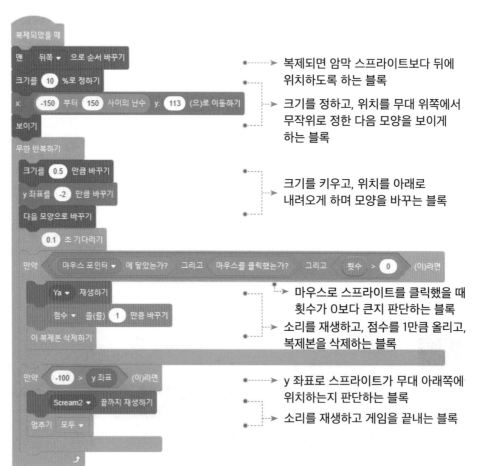

복제되면 암막 스프라이트보다 뒤에
위치하도록 하는 블록

크기를 정하고, 위치를 무대 위쪽에서
무작위로 정한 다음 모양을 보이게
하는 블록

크기를 키우고, 위치를 아래로
내려오게 하며 모양을 바꾸는 블록

마우스로 스프라이트를 클릭했을 때
횟수가 0보다 큰지 판단하는 블록
소리를 재생하고, 점수를 1만큼 올리고,
복제본을 삭제하는 블록

y 좌표로 스프라이트가 무대 아래쪽에
위치하는지 판단하는 블록
소리를 재생하고 게임을 끝내는 블록

원래 프로젝트 코드에서 블록을 하나 더 가져와  블록(조건)을 추가하여 횟수가 0보다 큰 상태에서 괴물을 클릭하면, 소리와 함께 점수가 오르고 괴물이 사라지게 합니다.

3 키보드에서 스페이스를 누르면 횟수를 10으로 충전하게 해봅시다.
이 블록은 5초에 한 번만 사용할 수 있게 해봅시다.

Woods

처음에 '충전' 변수에 '충전가능'이라는
값을 넣는 블록

배경 음악을 계속 재생하는 블록

스페이스를 눌렀을 때, '충전' 변수에
'충전가능'이 들어 있으면 '횟수'를
10으로 정하고, 변숫값을
'충전못함'으로 정한 뒤 5초 후에
다시 '충전가능'으로 바꾸는 블록

먼저, '충전' 변수를 만들고 시작했을 때 '충전가능' 하도록 변숫값을 정합니다. 스페이스를 눌렀을 때 '충전' 변수에 '충전가능'이 들어 있으면 '횟수' 변수를 10으로 정하고, 5초 동안 '충전' 변수의 값을 '충전못함'으로 바꿉니다. 이때는 스페이스를 눌러도 횟수가 충전되지 않습니다. 5초가 지나면 '충전' 변수의 값이 다시 '충전가능'이 되어 스페이스를 누르면 충전 기능이 작동합니다.

20장

음식 구하기 게임

학습 목표

트럭을 움직여 음식을 받는 게임을 만들고 수정해 봅시다.

프로그래밍 개념

순차 구조, 반복 구조, 선택 구조, 변수

스크래치 기능

움직이기, 이동하기, 방향, 좌표, 모양,
보이기/숨기기, 기다리기, 멈추기, 복제, 감지, 난수

난이도

프로젝트 살펴보기

- 키보드 화살표 키로 트럭을 움직여 봅시다.
- 트럭에 음식이 닿았을 때와 물컵이 닿았을 때 어떤 변화가 있는지 살펴봅시다.

프로젝트 미리보기

http://bit.ly/jpubp20

조작 키

키보드

1단계

음식과 물컵이 하늘에서 떨어집니다. 시간이 지날수록 점점 더 많이 떨어집니다.

2단계

키보드 왼쪽/오른쪽 화살표키를 누르면 트럭이 움직입니다.

3단계

트럭이 음식에 닿으면 점수가 올라가고, 물컵에 닿으면 게임이 끝납니다.

스크립트 살펴보기

완성된 스크립트를 검토해 봅시다. http://bit.ly/jpubc20에 접속하면 전체 코드를 볼 수 있습니다.

스프라이트와 배경 준비하기

스프라이트와 배경				
이름	Food Truck	Taco	Glass Water	Colorful City
카테고리	음식			실외
x	0	0	0	
y	-130	0	0	
크기	40	50	40	

💡팁

Taco 스프라이트를 추가하고, 모양 탭에서 Taco-wizard 모양을 삭제한 뒤, '모양 고르기' 아이콘을 눌러 Apple, Donut, Strawberry-a 스프라이트를 추가합니다.

Food Truck

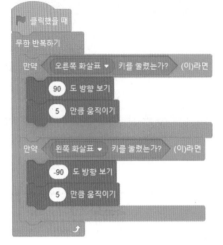

- • ┈┈➤ 오른쪽 화살표 키를 눌렀는지 판단 하는 블록
- • ┈┈➤ 오른쪽을 바라보고 움직이는 블록

- • ┈┈➤ 왼쪽 화살표 키를 눌렀는지 판단하는 블록
- • ┈┈➤ 왼쪽을 바라보고 움직이는 블록

Colorful City

- • ┈┈➤ 처음에 점수를 0으로 정하는 블록

Taco

처음에 모양을 숨기는 블록

모양을 4가지 중에서 하나로
무작위로 바꾸는 블록

10초마다 자신을 복제하는 블록

복제되면 위치를 무대 위쪽에서
무작위로 정하고 모양을 보이게
하는 블록

계속 아래로 내려오게 하는 블록

벽에 닿았는지 판단하고 벽에
닿으면 다시 무대 위쪽으로
이동하는 블록

트럭에 닿았는지 판단하고 트럭에
닿으면 점수를 10만큼 올리고,
위치를 무대 위쪽으로 이동하는
블록

Glass Water

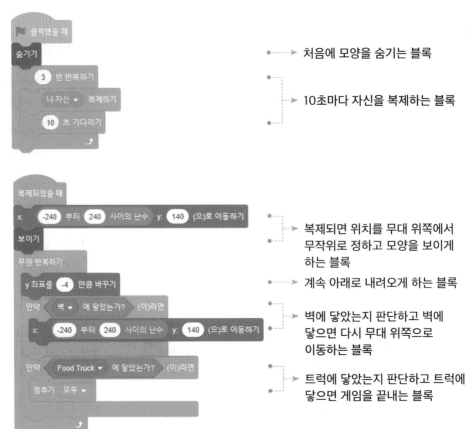

처음에 모양을 숨기는 블록

10초마다 자신을 복제하는 블록

복제되면 위치를 무대 위쪽에서
무작위로 정하고 모양을 보이게
하는 블록

계속 아래로 내려오게 하는 블록

벽에 닿았는지 판단하고 벽에
닿으면 다시 무대 위쪽으로
이동하는 블록

트럭에 닿았는지 판단하고 트럭에
닿으면 게임을 끝내는 블록

더 나아가기

❶ 트럭이 무대 밖을 벗어나면 화면 가운데로 위치를 옮기게 해봅시다.

❷ 10초가 지날 때마다 음식과 물컵이 떨어지는 속도를 점점 빨라지게 해봅시다.

❸ potion 스프라이트를 추가하고 이 스프라이트에 닿으면 트럭의 크기가 10초 동안 작아지게
해봅시다.

프로젝트 수정하기

1 | 트럭이 무대 밖을 벗어나면 화면 가운데로 위치를 옮기게 해봅시다.

Food Truck

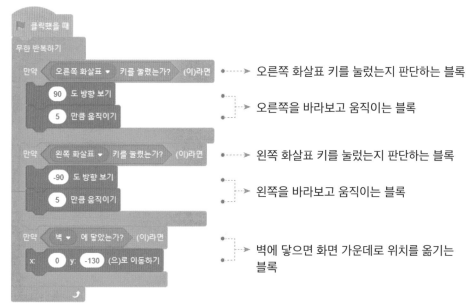

- · · · ▸ 오른쪽 화살표 키를 눌렀는지 판단하는 블록
- · · · ▸ 오른쪽을 바라보고 움직이는 블록
- · · · ▸ 왼쪽 화살표 키를 눌렀는지 판단하는 블록
- · · · ▸ 왼쪽을 바라보고 움직이는 블록
- · · · ▸ 벽에 닿으면 화면 가운데로 위치를 옮기는 블록

제어의 [만약 (이)라면] 블록과 감지의 [벽▾ 에 닿았는가?] 블록을 연결하여 벽에 닿았는지 판단하고, 벽에 닿았으면 x 좌표를 0으로, y 좌표를 -130으로 정해서 화면 중앙으로 이동하게 합니다.

2	10초가 지날 때마다 음식과 물컵이 떨어지는 속도를 점점 빨라지게 해봅시다.

Colorful City

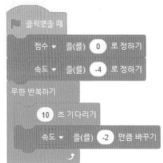

- ••••➤ 처음에 점수를 0으로 정하는 블록
- ••••➤ 처음에 속도를 -4로 정하는 블록

- ⌐➤ 10초마다 속도에 -2를 더하는 블록

'속도' 변수를 만들어 처음에는 값을 -4로 정합니다. 10초가 지날 때마다 속도 변수의 값을 -2씩 바꾸도록 합니다.

Taco, Glass Water

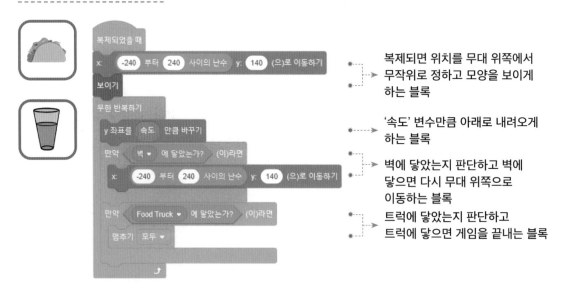

- ➤ 복제되면 위치를 무대 위쪽에서 무작위로 정하고 모양을 보이게 하는 블록

- ➤ '속도' 변수만큼 아래로 내려오게 하는 블록

- ➤ 벽에 닿았는지 판단하고 벽에 닿으면 다시 무대 위쪽으로 이동하는 블록

- ➤ 트럭에 닿았는지 판단하고 트럭에 닿으면 게임을 끝내는 블록

앞서 만든 '속도' 변숫값을 **동작**의 `y 좌표를 10 만큼 바꾸기` 블록 안에 넣어 음식과 물컵이 점점 빨리 내려오도록 했습니다.

Food Truck

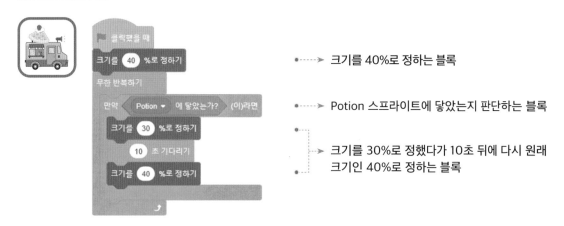

크기를 40%로 정하는 블록

Potion 스프라이트에 닿았는지 판단하는 블록

크기를 30%로 정했다가 10초 뒤에 다시 원래 크기인 40%로 정하는 블록

트럭의 초기 크기는 40%입니다. Potion에 닿으면 30%로 크기가 줄어들었다가 10초 뒤에 40%로 돌아오도록 위와 같이 스크립트를 추가합니다.

Potion

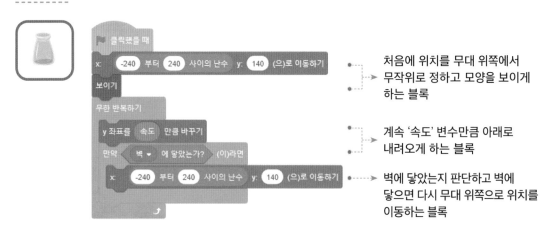

처음에 위치를 무대 위쪽에서 무작위로 정하고 모양을 보이게 하는 블록

계속 '속도' 변수만큼 아래로 내려오게 하는 블록

벽에 닿았는지 판단하고 벽에 닿으면 다시 무대 위쪽으로 위치를 이동하는 블록

Potion 스프라이트는 Glass Water 스프라이트와 비슷하게 위에서 아래로 떨어집니다. Glass Water 스크립트를 참고하여 위와 같이 스크립트를 추가합니다.

21장

추첨 프로그램

학습 목표

이름을 입력하면 무작위로 한 명을 추첨하는 프로그램을 만들고 수정해 봅시다.

프로그래밍 개념

순차 구조, 반복 구조, 리스트

스크래치 기능

말하기, 소리, 묻고 기다리기, 난수

난이도

프로젝트 살펴보기

- 몇 명의 이름을 추가할지 숫자를 입력해 봅시다.
- 사람 이름을 입력하고 추첨 결과를 확인해 봅시다.

프로젝트 미리보기

 http://bit.ly/jpubp21

조작 키

 키보드

1단계

몇 명의 이름을 추가할지 묻습니다.

2단계

입력한 숫자만큼 이름을 입력하라고 묻고, 이름을 입력하면 리스트에 이름을 추가합니다.

3단계

무작위로 한 사람을 뽑아 말합니다.

스크립트 살펴보기

완성된 스크립트를 검토해 봅시다. http://bit.ly/jpubc21에 접속하면 전체 코드를 볼 수 있습니다.

스프라이트와 배경 준비하기

스프라이트와 배경		
이름	Witch	Witch House
카테고리	판타지	실내
x	-160	
y	-40	
크기	100	

Witch

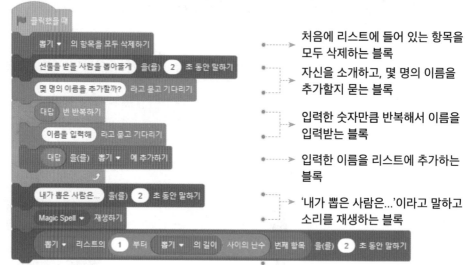

처음에 리스트에 들어 있는 항목을
모두 삭제하는 블록

자신을 소개하고, 몇 명의 이름을
추가할지 묻는 블록

입력한 숫자만큼 반복해서 이름을
입력받는 블록

입력한 이름을 리스트에 추가하는
블록

'내가 뽑은 사람은…'이라고 말하고
소리를 재생하는 블록

리스트의 항목 중 무작위로 하나를
뽑은 뒤 해당 항목을 말하는 블록

더 나아가기

❶ 선물을 받을 사람을 한 명이 아니라 입력한 숫자만큼 여러 명 뽑게 해봅시다.

❷ 사람이 중복되지 않게 뽑히도록 해봅시다.

프로젝트 수정하기

1	선물을 받을 사람을 한 명이 아니라 입력한 숫자만큼 여러 명 뽑게 해봅시다.

Witch

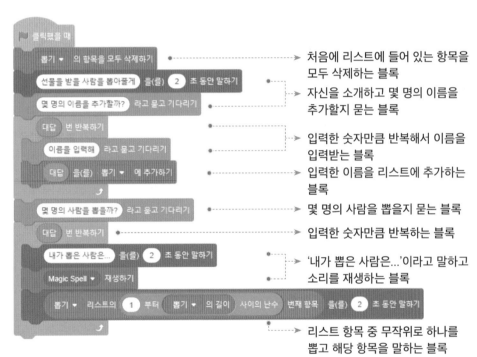

→ 처음에 리스트에 들어 있는 항목을 모두 삭제하는 블록

→ 자신을 소개하고 몇 명의 이름을 추가할지 묻는 블록

→ 입력한 숫자만큼 반복해서 이름을 입력받는 블록

→ 입력한 이름을 리스트에 추가하는 블록

→ 몇 명의 사람을 뽑을지 묻는 블록

→ 입력한 숫자만큼 반복하는 블록

→ '내가 뽑은 사람은...'이라고 말하고 소리를 재생하는 블록

→ 리스트 항목 중 무작위로 하나를 뽑고 해당 항목을 말하는 블록

감지의 [너 이름이 뭐니? 라고 묻고 기다리기] 블록으로 몇 명의 사람을 뽑을지 묻고, [대답]과 제어의 [10 번 반복하기] 블록을 활용하여 입력한 횟수만큼 반복해서 무작위로 항목을 뽑게 합니다.

2 | 사람이 중복되지 않게 뽑히도록 해봅시다.

Witch

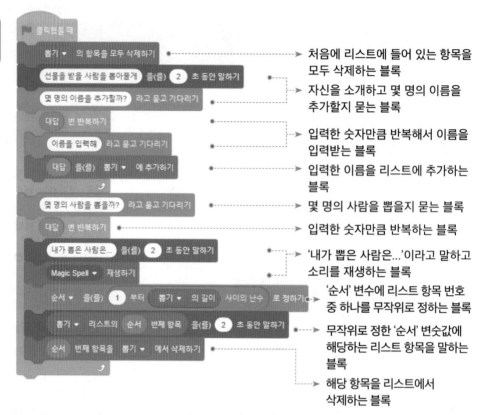

처음에 리스트에 들어 있는 항목을
모두 삭제하는 블록

자신을 소개하고 몇 명의 이름을
추가할지 묻는 블록

입력한 숫자만큼 반복해서 이름을
입력받는 블록

입력한 이름을 리스트에 추가하는
블록

몇 명의 사람을 뽑을지 묻는 블록

입력한 숫자만큼 반복하는 블록

'내가 뽑은 사람은...'이라고 말하고
소리를 재생하는 블록

'순서' 변수에 리스트 항목 번호
중 하나를 무작위로 정하는 블록

무작위로 정한 '순서' 변숫값에
해당하는 리스트 항목을 말하는
블록

해당 항목을 리스트에서
삭제하는 블록

'순서' 변수를 만들고, 이 변수에는 ⟨1 부터 뽑기▾의 길이 사이의 난수⟩ 블록을 넣습니다. 그리고 리스트에서 '순서' 변숫값 번째에 있는 항목을 말한 다음, 그 항목을 삭제함으로써 한 번 뽑힌 사람이 다시 뽑히지 않게 할 수 있습니다.

22장

날아다니는 고양이

학습 목표

로봇과 트럭을 피해 고양이를 날게 하는 게임을 만들고 수정해 봅시다.

프로그래밍 개념

순차 구조, 반복 구조, 선택 구조, 비교 연산, 논리 연산

스크래치 기능

움직이기, 이동하기, 좌표, 말하기, 모양, 크기, 보이기/숨기기, 소리, 기다리기, 멈추기, 복제, 감지, 난수, 결합하기

난이도

프로젝트 살펴보기

• 마우스를 클릭했을 때 고양이가 어떻게 변하는지 살펴봅시다.
• 로봇과 트럭에 닿았을 때 고양이가 어떻게 되는지 살펴봅시다.

프로젝트 미리보기

http://bit.ly/jpubp22

조작 키

 마우스

1단계

고양이는 아래로 계속 내려오다가 마우스를 클릭하면 위로 잠깐 올라갑니다.

2단계

로봇과 트럭은 오른쪽에서 나타나서 왼쪽으로 이동합니다. 시간이 지나면 로봇의 개수가 늘어납니다.

3단계

고양이가 로봇이나 트럭 또는 벽에 닿으면 몇 초 동안 날았는지 말하고 아래로 떨어지며 게임이 끝납니다.

스크립트 살펴보기

완성된 스크립트를 검토해 봅시다. http://bit.ly/jpubc22에 접속하면 전체 코드를 볼 수 있습니다.

스프라이트와 배경 준비하기

스프라이트와 배경				
이름	Cat Flying	Truck	Retro Robot	Night City
카테고리	동물	모두	모두	실외
x	-173	240	-245	
y	100	-130	14	
크기	80	50	50	

Cat Flying

  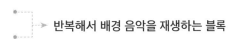

반복해서 배경 음악을 재생하는 블록

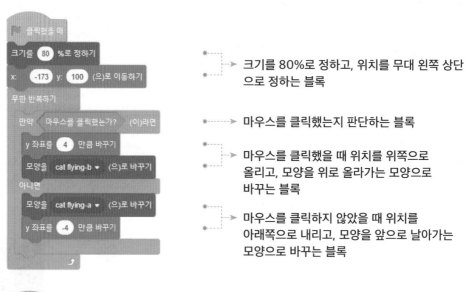

크기를 80%로 정하고, 위치를 무대 왼쪽 상단
으로 정하는 블록

마우스를 클릭했는지 판단하는 블록

마우스를 클릭했을 때 위치를 위쪽으로
올리고, 모양을 위로 올라가는 모양으로
바꾸는 블록

마우스를 클릭하지 않았을 때 위치를
아래쪽으로 내리고, 모양을 앞으로 날아가는
모양으로 바꾸는 블록

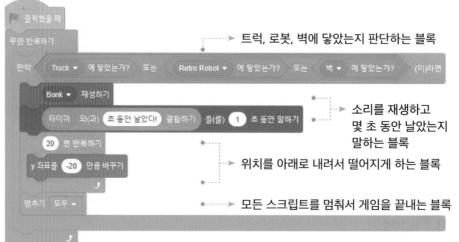

트럭, 로봇, 벽에 닿았는지 판단하는 블록

소리를 재생하고
몇 초 동안 날았는지
말하는 블록

위치를 아래로 내려서 떨어지게 하는 블록

모든 스크립트를 멈춰서 게임을 끝내는 블록

Truck

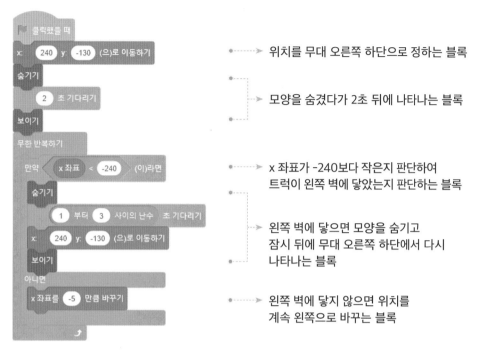

위치를 무대 오른쪽 하단으로 정하는 블록

모양을 숨겼다가 2초 뒤에 나타나는 블록

x 좌표가 -240보다 작은지 판단하여
트럭이 왼쪽 벽에 닿았는지 판단하는 블록

왼쪽 벽에 닿으면 모양을 숨기고
잠시 뒤에 무대 오른쪽 하단에서 다시
나타나는 블록

왼쪽 벽에 닿지 않으면 위치를
계속 왼쪽으로 바꾸는 블록

Retro Robot

10초마다 자신을 복제하는 것을 세 번
반복하는 블록

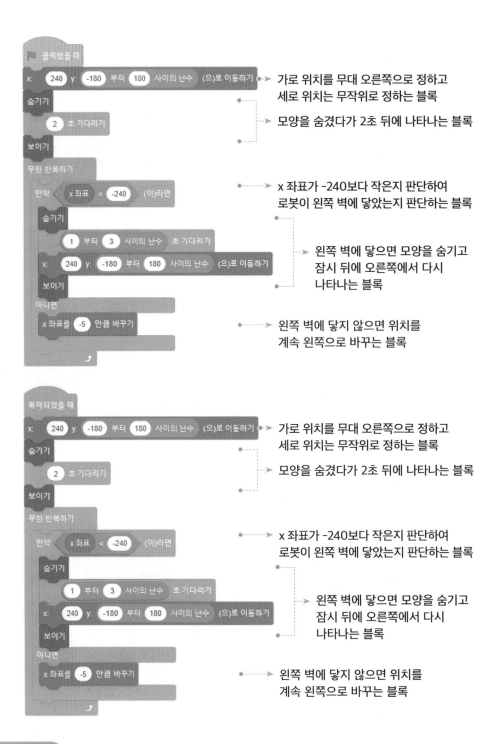

클릭했을 때
x: 240 y: -180 부터 180 사이의 난수 (으)로 이동하기 → 가로 위치를 무대 오른쪽으로 정하고
세로 위치는 무작위로 정하는 블록
숨기기
2 초 기다리기 → 모양을 숨겼다가 2초 뒤에 나타나는 블록
보이기
무한 반복하기
만약 x 좌표 < -240 (이)라면 → x 좌표가 -240보다 작은지 판단하여
로봇이 왼쪽 벽에 닿았는지 판단하는 블록
숨기기
1 부터 3 사이의 난수 초 기다리기
x: 240 y: -180 부터 180 사이의 난수 (으)로 이동하기 → 왼쪽 벽에 닿으면 모양을 숨기고
잠시 뒤에 오른쪽에서 다시
나타나는 블록
보이기
아니면
x 좌표를 -5 만큼 바꾸기 → 왼쪽 벽에 닿지 않으면 위치를
계속 왼쪽으로 바꾸는 블록

복제되었을 때
x: 240 y: -180 부터 180 사이의 난수 (으)로 이동하기 → 가로 위치를 무대 오른쪽으로 정하고
세로 위치는 무작위로 정하는 블록
숨기기
2 초 기다리기 → 모양을 숨겼다가 2초 뒤에 나타나는 블록
보이기
무한 반복하기
만약 x 좌표 < -240 (이)라면 → x 좌표가 -240보다 작은지 판단하여
로봇이 왼쪽 벽에 닿았는지 판단하는 블록
숨기기
1 부터 3 사이의 난수 초 기다리기
x: 240 y: -180 부터 180 사이의 난수 (으)로 이동하기 → 왼쪽 벽에 닿으면 모양을 숨기고
잠시 뒤에 오른쪽에서 다시
나타나는 블록
보이기
아니면
x 좌표를 -5 만큼 바꾸기 → 왼쪽 벽에 닿지 않으면 위치를
계속 왼쪽으로 바꾸는 블록

더 나아가기

❶ Rocks 스프라이트를 추가하고 스페이스를 누르면 고양이가 돌멩이를 던지게 해봅시다.

❷ 트럭과 로봇이 돌멩이에 닿으면 사라지게 해봅시다.

프로젝트 수정하기

1 | Rocks 스프라이트를 추가하고 스페이스를 누르면 고양이가 돌멩이를 던지게 해봅시다.

Cat Flying

스페이스를 누르면 '발사' 신호를 보내는 블록

'발사' 신호를 만들고, 스페이스를 누르면 '발사' 신호를 보내도록 스크립트를 추가합니다.

Rocks

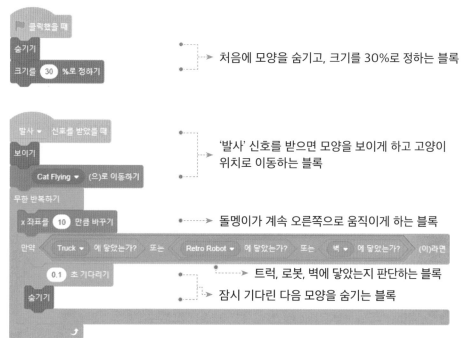

처음에 모양을 숨기고, 크기를 30%로 정하는 블록

'발사' 신호를 받으면 모양을 보이게 하고 고양이 위치로 이동하는 블록

돌멩이가 계속 오른쪽으로 움직이게 하는 블록

트럭, 로봇, 벽에 닿았는지 판단하는 블록

잠시 기다린 다음 모양을 숨기는 블록

바위 스프라이트의 크기를 작게 정하고 모양을 숨기고 있다가 '발사' 신호를 받으면 고양이 위치에서 오른쪽으로 계속 움직이게 합니다. 그러다가 트럭이나 로봇, 벽에 닿았을 때는 모양을 숨기게 하여 고양이가 돌멩이를 던지는 효과를 표현할 수 있습니다.

2 | 트럭과 로봇이 돌멩이에 닿으면 사라지게 해봅시다.

Truck

• ········➤ 바위에 닿았는지 판단하는 블록
• ········➤ 바위에 닿았으면 모양을 숨기는 블록

트럭이 돌멩이에 닿으면 모양을 숨기도록 위의 스크립트를 추가했습니다.

Retro Robot

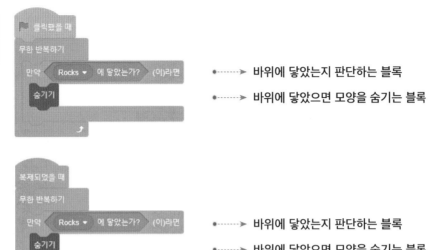

바위에 닿았는지 판단하는 블록

바위에 닿았으면 모양을 숨기는 블록

바위에 닿았는지 판단하는 블록

바위에 닿았으면 모양을 숨기는 블록

마찬가지로, 로봇이 돌멩이에 닿으면 모양을 숨기도록 스크립트를 추가했습니다. 복제본도 똑같이 바위에 닿으면 숨겨지도록 위와 같이 스크립트를 작성합니다.

찾아보기